まごころの介護食

「お母さんおいしいですか？」

日野原 重明／総監修　井上 典代／栄養監修

中山 れいこ／文・写真

本の泉社

介護食は離乳食ではない…？

あなたが、食を認識できなく
なったときに、ミキサーで
ドロドロにした食事を、食べ
たいですか？

お菓子でも食べられれば栄養がとれる

認知症になっても、楽しいこと、嬉しいこと、おいしいことはわかります。食の喜びを失わないように、日々楽しみましょう。

母の間食 P. 141

晴れの食事は認識できる

おかゆのお寿司 P.224

おかゆのお寿司は、『かいごの学校』2006年12月号
右頁磯辺巻きは、11月号に掲載されました。

2004年8月のある夕食
P.138

頑張らない 手抜き 介護食もあり！

ヘルパーさんの食事介助には、簡単に食べられる食品が必要でした。仕事で戻れないときに、レトルトの介護食品は便利でした。

母は、入院するまでは入れ歯が使え軟らかいご飯が食べられました。おかずが多いと、食べる順番に好みがあったので、ヘルパーさんの介助時には、一皿料理が安全でした。2009年現在、市販のレトルト介護食品は増えているようです。

身近な食品で作る嚥《えん》下《げ》食《しょく》

調理時間15分/約300kcal

市販の便利食で作る がんばらない介護食

『かいごの学校』2006年9月号掲載

2006年3月号から2007年5月号まで在宅介護の周辺について、『かいごの学校』(日本医療企画刊/2009年3月号をもち休刊)で、書く機会をいただきました。その中で一番多く書いた記事は、「おいしく簡単に作る介護食」についてでした。

コンビニでも買えるマカロニグラタン

半量使い、マカロニは3〜4mm長さ、具も小さく切り、耐熱容器に移し、レンジで温め、粉チーズと、粉末パセリを散らしました。

これらの食品を、身近なお店で買い介護食に利用していました。

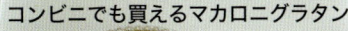

少量でも
しっかり栄養がとれるおかゆ

カロリー補給がゆ

退院後3日目の母に、使い慣れないハンドミキサーを使って作りました。

母は、ミキサーで作ったドロドロの流動食は、家では食べたくないらしく、私は困りはてて、クリームスープ風のおかゆや、リゾットを作り、栄養をとる工夫をしました。母の好きなココアは、カロリーが高いので、助かりました。

作り方

栄養補助食品とバナナをちぎって潰し、器に入れ、エンシュア・リキッドを注ぎ、ミキサーで滑らかになるまで混ぜます。

2004年10月10日昼食　332.5kcal

カロリー補給がゆ　280kcal

エンシュア・リキッド100ml＝100kcal／ビスケットタイプの栄養補助食品1本20g＝100kcal／バナナ1本95g＝80kcal

ココア　52.5kcal

ココア7.5g＝4.5kcal／牛乳60ml＝48kcal

昼食 P.183

胃ろう拒否
2日目の嚥下食

2005年1月15日 4回食

医師に、食べられないと言われて帰った家で、栄養物を口からとれた７日間の嚥下食は、特別な食事ではなく、体調を崩した家族に、母が作った味が基本でした。

胃ろう処置した場合の1日分の食事 P.136
経腸栄養剤4本 1000ml＝1000kcal
水1000ml

朝食 P.182

深夜
水分補給
P.185

夕食 P.184

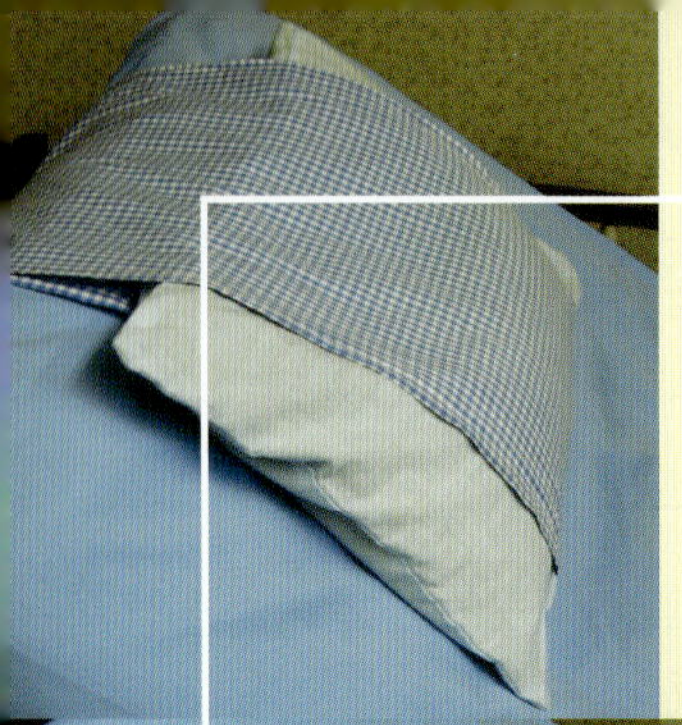

ベッド周りで工夫したこと

認知症なのに、ずれる枕を頸で必死に支える姿に驚き、ベッド枠にカバーを結びつけました。

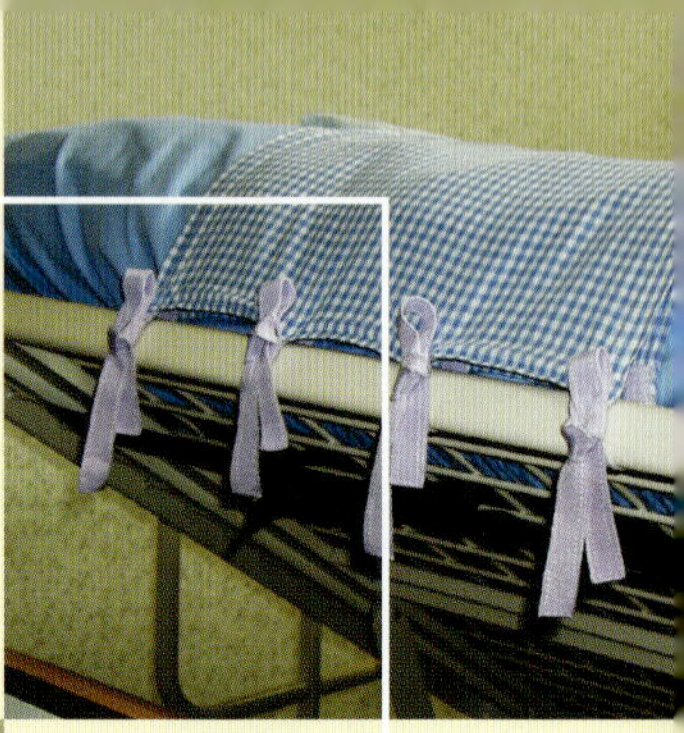

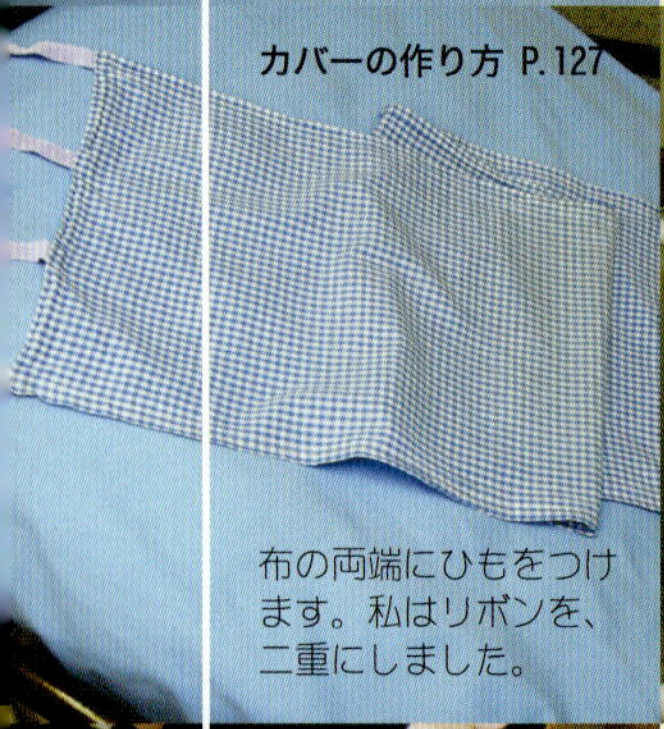

カバーの作り方 P.127

布の両端にひもをつけます。私はリボンを、二重にしました。

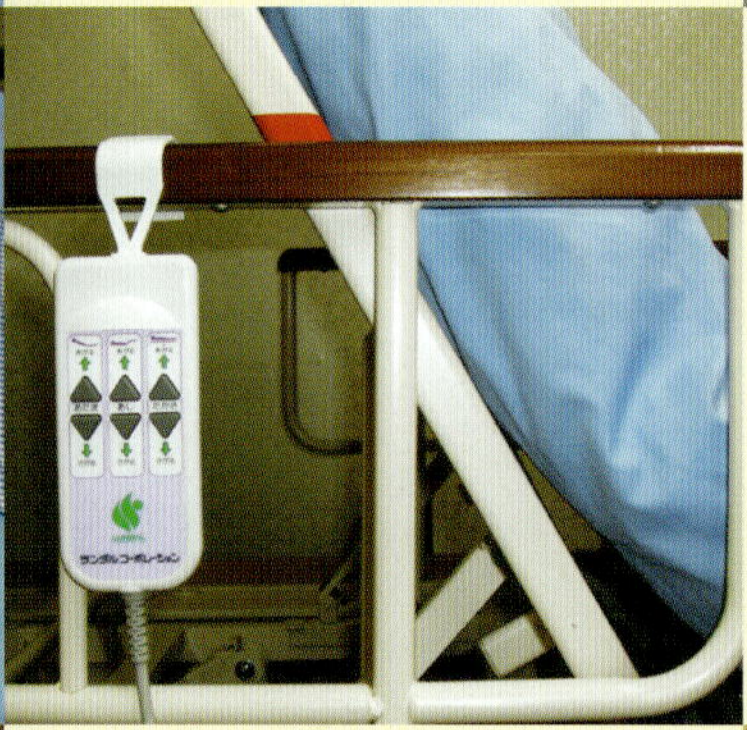

ベッドの角度をいつも正確にすることは難しいので、目印をつけました

母にとって、気持が良い角度がすぐわかるように、ベッドの枠に、目印の赤いテープを貼りました。

この位置は45度です。P. 202

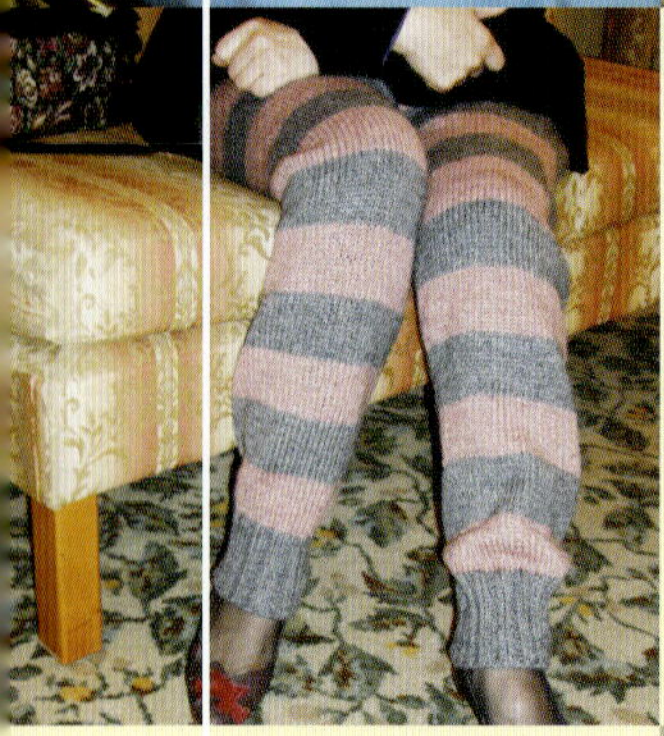

車椅子で外出をするときなど、足腰が冷え込むので、母と私と色違いの並太毛糸で、昔懐かしい「ももひき」を編みました。
しましまに編むと、アウターで着ていても、おかしくないでしょう？
今はもっぱら寒い夜の部屋着にしています。
2006年3月号の『かいごの学校』に編み方を掲載しました。

右半身の麻痺があり車椅子はスリッパで乗れませんでした

母が入院中、一番喜んだことは、車椅子へ座る訓練ができたことでした。
P. 132

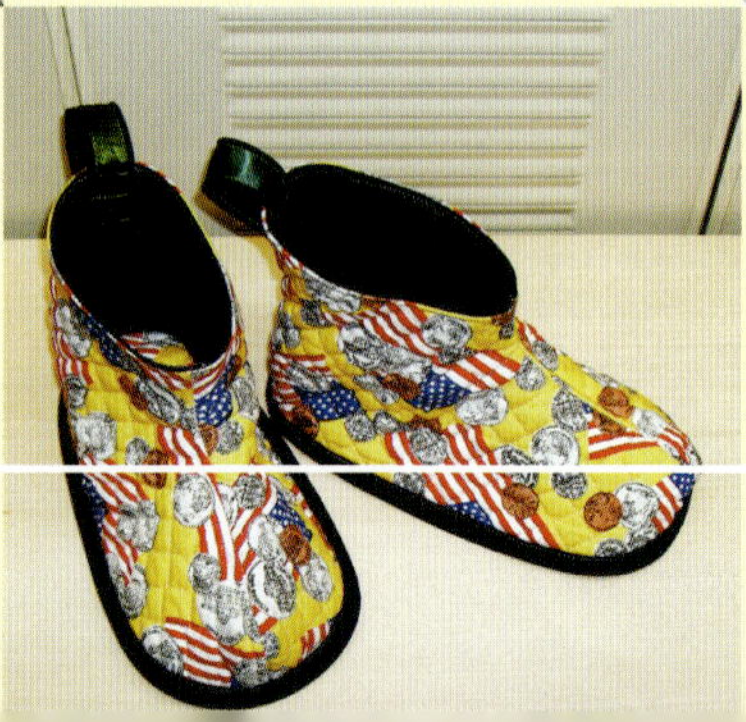

介護者と、被介護者が、健康に暮らすための、衣類や小物は少なく、私はほとんど手作り品を愛用していました。

車椅子でこそおしゃれを！

母は、車椅子になってから、孫の結婚式に出席する装いがないと嘆いていました。そのころは深く考えることができませんでしたが、母が亡くなってから、使いやすく、おしゃれな膝掛けを考案し、意匠登録を出願し、2009年10月に登録されました。今後、福祉機器メーカーの方々と相談し、製品化しようと思います。

日常着に羽織って変身！

車椅子のおしゃれな装い

『かいごの学校』2006年12月号掲載

母に使っていた、後ろから前にかける膝掛けを、編集担当者にほめられ、工夫を重ね出願しました。足から腰まで、しっかり温かい膝掛けは長時間のおでかけも安心。

製品協力／アトリエまりこ
撮影協力／ランダルコーポレーション

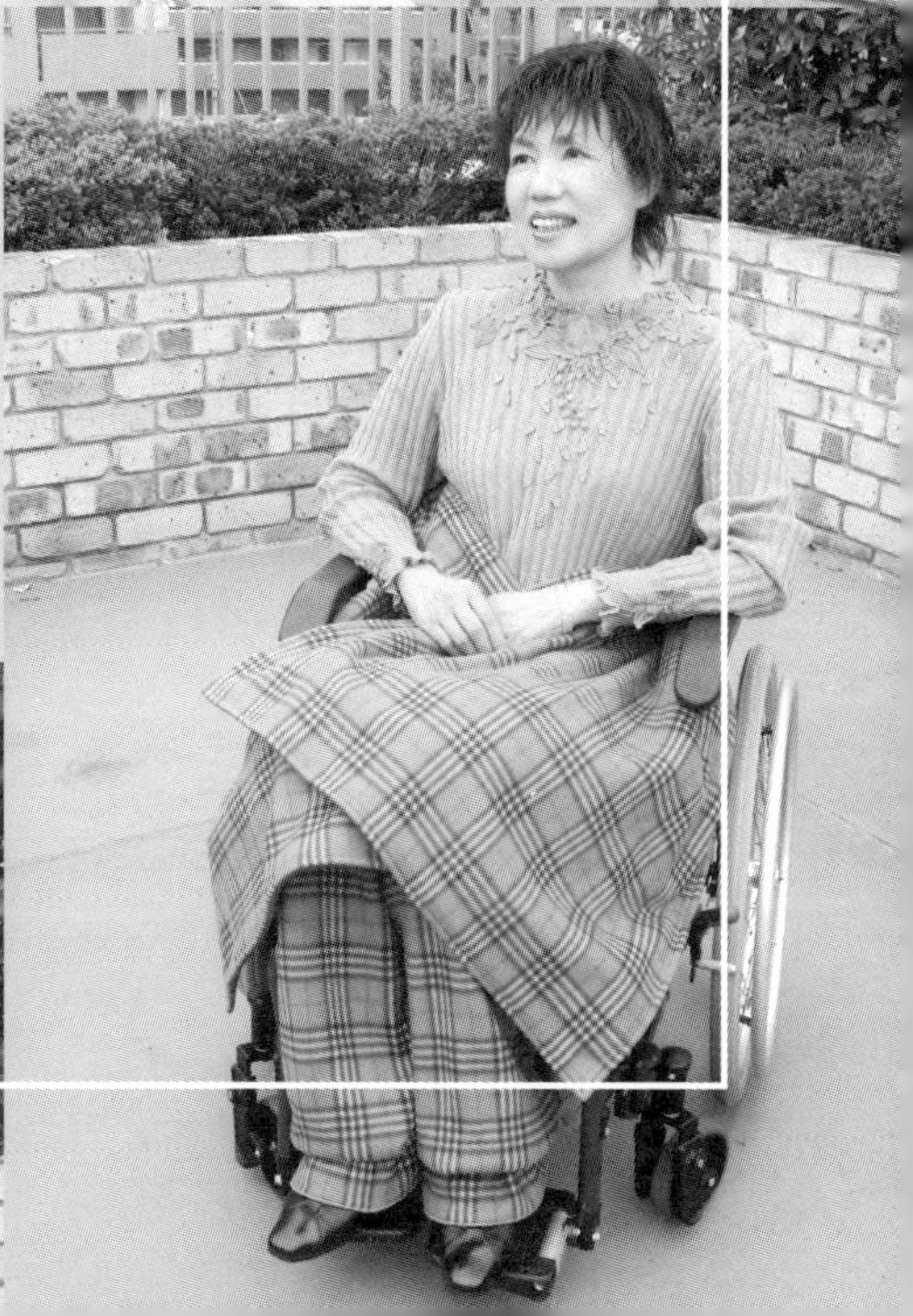

総監修のことば

聖路加国際病院理事長
日野原　重明

中山れいこさんから、お手紙を戴き、お母さんの介護の苦心を綴った自著を出版したいので、私に序文を書いてほしい、というひたむきな思いを持ちながら、しかし私に手紙を出すことを何度かためらい、やっと決心して、勇気を出して投函された心情がお手紙の中に読み取られました。

ご高齢での長期寝たきりの実母を特別養護老人ホームの介護に委託するのでなく、自宅で昼夜にわたって付き添って介護し、栄養剤を口からのチューブで補給することを避け、自分で調理した手作りの食事をひとさじひとさじ口に入れて、娘の作った味を少しでも楽しんでほしいと切望し、心を込めての介護料理を作って、祈りを込めて母親の口元にさし入れる、その真心がこの本の題となり、内容になったものと受け止められます。

病む実母の口元に最後のひとさじを入れ終わるまで、このタイトルの「お母さんおいしいですか」と聞き続けられていたその面影がこの本には滲むように映っています。

いくら肉親といっても、昼夜をとおしての介護はこれを行う者の心身を痛めるものですが、この著者の行動にはそのような介護の辛さは表面に出てきません。

どこまでも介護する者が真心を尽くしての行動であることから、心身の疲れに倒れることなく、娘として、介護者としての誠意と真心が辛さに耐えるエネルギーを生じたものと思います。

この真心にあふれた介護の書に触れられる読者が、この本の真価を感じ取られることは疑いないと私は信じ、この序文を記しました。

はじめに

83歳の母と同居して8年、母は誤嚥性肺炎《ごえんせい》で緊急入院した病院で、食事が食べられなくなりました。チューブで、栄養剤を直接胃に流し込む「胃ろう処置」をしなければ、急性期を過ぎ「低め安定状態」に落ち着いた母に、退院以外の道はないと主治医に言い渡されました。

私の介助で母が食べられなければ、「餓死《がし》」するのだと思い悩みました。それでも最期まで家で介護し、私の能力のすべてを傾けて食べられる物を探し、ともに暮らす喜びを持つことを願いました。母の顔色を見ながら日々嚥下食《えんげしょく》を工夫し、もう一度食べてもらえるように、ひとさじひとさじ慎重に介助しました。

施設介護も在宅介護も、人と人がすることで「人間同士の向かい合い」です。最後の7日間にやっと「快互」の心境に達し、自分なりに食のデータがまとまり、母がひとさじ食べられれば私も快い「快互食」にたどり着いたと思いましたが、残念なことに92歳の誕生日の直前、流行中のノロウイルスに母の命をうばわれました。

介護を必要とする人が百人いれば、介護プランも介護方法も百とおりでしょう。

母と私の経験が、どれだけの方々の参考になるかわかりませんが、母の胃ろうを拒否し、私が必死で飲み込める食事を作り、母が最期まで口から食べた記録に、摂取力ロリーとたんぱく質量を附記し、山脇学園短期大学食物科准教授の井上典代先生（管理栄養士、在宅栄養アドバイザー）に、栄養監修をしていただきました。私のデータ以外に、工夫と愛情にあふれた「介護食・嚥下食」を、「在宅介護の輪 栄養研究会」の友人たちに許可を得てホームページから転載しました。そして私が切望していた「終末期介護に必要な知識」や、「研究報告」を医学や介護の専門書を調べ、それぞれの出版社や著者にお願いし、本文および本文に対応する欄外《らんがい》に引用転載しました。

なお母を送った2005年から4年の月日がたち、掲載した製品が発売中止やリニューアルされたり、インターネットの情報、各ホームページのURLにアクセスできない可能性があることをお詫びいたします。

この原稿の第1稿を書き上げた2005年4月から手直しをする間、温かく見守り総監修をしてくださった聖路加国際病院理事長の日野原重明先生、この本のために、お目にかかった多くの医療関係者に、「終末期の食の情報は大切です」と、励ましていただき、何の情報もなく立ち往生をした辛さをバネに、皆様のお役に立つ情報が、できるかぎり多いように欲張って書きました。

この本の執筆を助けてくださった諸氏、出版社の皆様に深くお礼申しあげます。

2009年10月

もくじ

〈介護のマメ知識〉

1章　母の老いと介護生活の始まり

2章 「要介護5」でも在宅介護で暮らそう

3章 200以上の頻脈と呼吸苦で入院

4章 胃ろう拒否

5章　在宅介護に戻そう

6章　何を食べてもらえるだろう？

終章　ホームページの食の情報

コラム〈生活上の工夫〉

コラム〈ホームページの情報〉

ホームページからの引用転載

本書への転載は2005年当時、それぞれのホームページの管理者、書き込まれた皆様、個別に資料をお送りいただいた皆様に許可を得ました。

インターネットは便利ですが、書籍のようにいつまでも読める情報ではありませんので、ホームページアドレスは変更されている可能性があります。また、掲示板に書かれた文章は、ある程度の期間で消えるので、見られないかもしれません。

「おいしいわね」
「おいしく食べられた？」
にこ　にこ　にこ…　それが
最後の会話でした

序章

看取りのとき

自分が看てもらう側になってみよう

食べる側に自分を置き換えてみよう

看る人はみんな大変

看られる人の大変さも考えよう

介護と仕事の両立

母を失ってから、多くの方々に「仕事と家庭を両立させ、子どもが小さかったあなたが、他の兄弟があるのに、なぜ実家の母親を呼び寄せて在宅介護をしたのですか?」と、聞かれます。3男1女の子どものなかで、嫁に出た私が、実家の母を看取るのは不思議かもしれません。

質問者は、余程のドラマを期待されるようですが、私には答えようがありません。私に言えることは、兄弟のすべてに等しく親を介護する義務があることと、親子でも相性があることでしょう。

おいしい料理を作ることが好きで、しっかり家族の栄養管理をしてきた母は、20代後半私が腎臓障害の薬が合わず、薬物性肝炎を起こしたとき、3年間も毎日ドクダミを煎じ続け、腎臓病食を作り看病してくれました。

私だけではなく、6人家族すべての生活管理者として頑張った母が、認知症と老齢で、身仕舞いができないのならば、「温かい家庭」で病人としてではなく、「家族として心地良く暮らす権利がある」と、私が主張して話し合った結果、母の在宅介護を引き受けたのです。

では、「あなたは、なぜ、介護をしたのか？」との問いには、登山家が、「そこに山があるから」と答えるように、「そこに生きるために、助けを必要とした母がいたからです」と、答えるよりありません。

私は4人兄弟の3番目、友人の家を見ていても感じましたが、親が上の子どもを育てるときは若く元気ですが、下の子どもたちは、親の老いや疲れを見て育ちます。そして幼いときから親の肩を揉み、病院にともなわれるので、病歴を知る立場になるようです。だから兄弟の中で私1人が「親孝行」だったのではなく、母を思う気持ちはみな同じでしょう。

私は仕事があるので、完全な介護はできませんでしたが、母の性質と病歴を知り、母らしく過ごしてもらう努力をしました。そして、一方的に介護をするのではなく、ともにいることが楽しいように工夫してきました。

私は、自分主体の仕事なので仕事時間が長く、ほとんど毎日1日16時間以上仕事に追われます。残りの8時間を家事、子育て、介護、睡眠に分配すると、できることに限りがあり、介護の仕方や環境に執着し分析をし、なるべくお互いが楽に過ごせることを大切にして考えていました。調べられる限りの情報を調べ、母にとって心地よいようにしていたつもりです。

命の代理人

91歳の母は、認知《にんち》症、心臓病、右側の手足・口の中・のど・肺に片麻痺《かたまひ》があり、「要介護5」でした。腰が悪くて移乗ができず、ベッドの機能で起こされる以外は「寝たきりの生活」、食事が理解できないこともありました。しかし、身体介護をされるときに、介助者が転がす側に、僅かでも協力して動き、自分の生きている状態を認識している人でした。

２００４年11月、母は誤嚥《ごえん》性肺炎の疑いで入院し、食事が食べられず、担当医からは「胃ろう処置」をすすめられました。すでに言葉がほとんど出ず、麻痺のない手でもコップを持てない母でした。言葉が話せるうちは自分の歩けない身体に気がつくと悲嘆し、「死にたい！　れいこさん殺して」と、言いつのっていましたから、口で食べられず、栄養剤が胃に流し込まれることで延命される「胃ろう処置」は、母にとってはさらなる生き地獄であろうと思え、自分の処遇を判断できない母の「命の代理人」として医師へ答える私は、「胃ろう拒否」以外の選択肢がありませんでした。

私は、大それたことをした気はまるでなかったのです。

認知症（痴呆の項）

いったん正常に発達した知能が、後天的な脳の器質的障害によって慢性的に低下した状態。

『看護・医学事典』P. 594

要介護5

介護保険下で、介護を必要とする人の必要介護度合の最重度。日常生活を行う能力が著しく低下しており、自力での食事や意思伝達もほとんど、あるいはまったくできない場合が多い。

片麻痺

手足が動かない運動麻痺には単麻痺、対麻痺（および四肢麻痺）、そして片麻痺（一般に「かたまひ」と呼ばれていますが正式には「へんまひ」です）の３種類があります。中略

高齢者に限らず最もよくみられる運動麻痺は片麻痺で、その原因の大半は脳血管障害ですが、脳出血の中に、脳腫瘍の腫瘍内出血によるアミロイド蛋白が全身のさまざまな臓器に蓄積して起こるアミロイドーシスの脳血管合併症として発症するものも含まれます。

『図解・症状からみる老いと病気とからだ』P. 15

小学校高学年で関東大震災に出あった母は、半年年下の父との新婚時代に長男を授かり、母の人生で一番輝いていたころ、第二次大戦が勃発しました。そして戦後の混乱期、突然、父が安定した職を辞し「挿し絵画家」になりました。私はその時々の母の年齢を超え、子どもを持ちましたが、4人の子どもを抱え、不定期な収入の職種を選んだ父を、支えとおした母の苦悩は、いかばかりであったかと思います。裕福ではないけれど何不自由なく「好きこそ物の上手なれ」と、私や兄弟を育てた母でした。

60歳のある日、父が眼底出血で倒れ、筆先も見えず、何も描けないと焦り苛立つ日々を、優しく介護しとおしました。私は時折、母の行動をおかしく感じましたが、看病疲れだと思っていました。今思えばアルツハイマーを発症していたと思います。そんな母が人生の終わりを、自分で処遇できないならば、私は環境を整えて、最期まで食べてほしいと思いました。

退院後の母が食べられ、私が安堵する間もなく突然逝去した後に、訪れた訪問看護師さんが、「医師の胃ろう処置の指示に対して反論し、最期まで口から食べさせたいと主張し、患者さんを退院させたご家族の話など、聞いたことがありません」と、話されたので驚きました。

誤嚥性肺炎

高齢者の肺炎には、風邪をこじらせてなる市中型肺炎と誤嚥に合併する誤嚥性肺炎があります（表は略）。誤嚥性肺炎は再発するたびに体力が消耗し、薬剤が効きにくい耐性菌がすみつき、栄養低下と重なって難治性となります。重い病気がなくても、高齢になるにつれて嚥下や喉頭がい、咳などの反射、粘液繊毛エスカレーター機能が低下するため、誤嚥性肺炎が起こりやすくなります。後略

『図解・症状からみる老いと病気とからだ』P. 67

移乗(移乗動作)

ベッドからソファー、車いすなどへ移る動作。障害によって、自分ではできなくとも介助によりできる間は、食卓での家族との食事や散歩、トイレやポータブルトイレへの移動ができます。移乗が保持できることで、最後まで自立した排泄が保てる方もいます。

一般的に医師のすすめによる胃ろう処置を、たくさんの摂食障害《せっしょく》を持つ高齢者の家族が、たじろぎ悩み、病院で医療相談をしたり、担当の訪問看護師さんに相談するそうです。しかし、拒否することは「まず、ない」そうです。

母の人生の終わりを「花丸」にできるか？

母には拒否しましたが、私は、胃ろうを悪い処置とは思いません。母を送った半年後の夏、絵描きの友人が会わなかった1年ほどの間に、食道がんの放射線治療をし、復帰祝いの個展を銀座で開催しました。「胃ろうで生きられる。食事も楽になってありがたい」と、嬉々として話し、レントゲン写真の「胃ろう」の影を、勲章のように示して喜ぶようすが嬉しくて、お祝いに集まった人々と乾杯しました。

がんの発病まで、元気に内外で活躍していた友とは異なり、母は高齢で認知症、半身不随で歩行不能、排泄が認識できず、生きるためのすべての作業を人手に頼り、食べられないのなら「命の終わり」でしょう。だから

訪問看護師（訪問看護の項）
看護師や保健士が、寝たきりで通院できない高齢者の家庭に訪問して、主治医と連絡を取りながら健康チェックや身辺看護などを行う。
『完全図解新しい介護』P. 346

摂食障害
主として、精神医学的な原因によって起こる食物の摂取行動の異常で、神経性無食欲症、神経性大食症の両方を包括した診断名。
『看護・医学事典』P. 520

胃ろう処置（胃ろう造設術の項）
噴門癌や食道癌で根治的摘出の不可能なときと衰弱の激しい場合に、栄養状態を改善するために、上腹部からゴム管あるいはビニール管を胃の中に差し込み、管の周囲と腹壁とを縫合して、胃内容が漏れないようにしてろう孔を作る手術である。この管から栄養物を注入する。「看護」〈原則〉味覚の楽しみを犠牲にして状態改善の利を取る処置。後略。
『看護・医学事典』P. 50

延命のための胃ろうを拒否し、母の退院を決めました。しかし本当は「死ぬばかりの母」を、家に引き取ることがこわくて長いこと悩みました。おそらく、母の在宅介護中の一番辛い時期でした。

「胃ろうなら生きる」と、医師が診断している母を、「自分勝手な介護で殺す」のかと思うと、毎日気持ちが落ち着かず、私は、死について考えたくなり、日野原先生の著書を何冊も読みました。先生は生きて輝くということをたくさんお書きですが、それは「人の死はどうあるべきか」と、次世代に投げかけ、考えるようにし向けておられるのだと感じました。

先生の『生き方の選択』という対談集に、「すこやかな死のために」という章があり、次の一文が目に飛び込み、少し勇気を持てました。

現在、都会で死ぬ人の9割は病院で亡くなりますけれども、それまでいい暮らしをして、幸福な環境にあったといっても、その最期は本当に悲惨です。「終わりよければすべてよし」というシェークスピアの戯曲がありますが、たとえば末期がんでホスピスに入っていて、最期に「本当によく世話をしてくれたね。先に逝くよ」という言葉を残して死ねば、それまでの9割が不幸であったとしても有終の美が飾れます。ところが大半はこれとはまるで逆の人生末路です。
（『生き方の選択』日野原重明著、河出書房新社）

それから私はいろいろな情報を調べ、嚥下障害の患者に口から食べさせる努力は、医療行為として認められず、本人が食べなければ、食べさせ方を工夫できないことがわかりました。しかしその当時でも、まだ3割くらいでしたが、言語聴覚士、理学療法士、作業療法士、管理栄養士、歯科医師、医師、看護師、薬剤師などが、患者の嚥下障害に対峙《たいじ》してチームを組み、患者が「口から食べること」を支援する病院がありました。

そのことを知り、母の人生の終わりに、最期まで私が食べさせる努力をし、「一口でも食べて、喜んでもらいたい」という欲が生まれました。

終末期の母が、2度の入院生活をした2004年9月から、2005年1月までの医療現場では、食事介助の簡単な「チューブ栄養」には、1人1カ月1万円の医療補助がありました。しかし、高齢者医療の見直しで、2005年10月からはこの医療補助は廃止され、食事を工夫して食べさせる（経口移行）努力に対し、報酬が算定されることになりました。

理学療法士（PT）

病気やケガで身体に障害を持ったり、身体機能が低下した人に対して、基本的動作能力の回復・維持をはかるための治療（リハビリ）を行う専門家です。
治療には、電気刺激・マッサージ・温熱などの物理的治療や、筋肉増強などの運動療法、治療体操などがあり、近年では、内科的治療を要する病気の管理や、スポーツ医学の分野にも導入されています。

言語聴覚士（ST）

1998年から国家試験が法制化され、何らかの原因で聞こえやことばに障害を持つ人に対して、円滑なコミュニケーションができるよう、訓練・指導、援助を行う専門家です。職域が広く、勤務地により専門内容がかなり異なります。
嚥下障害に関しての訓練などは、保険点数扱いにならないので、失語症・構音障害などの治療と合わせて計算するそうです。

この改変にともない、医療や介護関連のホームページに、「口から食べることは、味わうことや食べる喜びが脳の刺激になり、チューブ栄養よりも効果的に、栄養を消化吸収し、免疫力や抵抗力の保持、ボケの予防にもなり、決まった時間に食事をすることで、生活のリズムが作られる」などと、発信される機会が増えました。

また食べることや、飲み込む機能が良好な自立高齢者では、口から食べている人の方が栄養状態が良く、認知症の程度も軽く、生きがいを感じる度合いが大きいことも、わかってきたようです。

いったん口から食べられなくなると、再び食べられる状態にするのは難しいことです。しかし、誤嚥性肺炎を起こさないように訓練・管理をすることに重きを置く医療機関が増えました。医療従事者の目や技術が向けられ、口から食べるために、さまざまな工夫と知恵で改善するようになり、介護食の講習会などを、在宅介護者やヘルパー職を対象に、公立の医療機関などで開催する方向性も出てきましたから、高齢者の人生の終わりに、人として生きる基本条件の食が、「食べられないなら、胃ろうにしましょう」と、単純には排除されないことになりそうです。

管理栄養士

厚生労働大臣の免許を受けて、病院や施設などで給食管理や栄養指導をおこなう専門家です。患者の身体状況や栄養状態に応じて必要な食事メニューを考案し、食べやすさのための工夫をします。

経管栄養法【チューブ栄養法】

栄養補助の目的で、口腔または鼻腔・胃腸管ろう・肛門などから管を挿入し、流動物を胃腸内に注入する方法　後略

『看護・医学事典』P. 236

作業療法士(OT)

身体的・精神的な障害を持った人を対象に、日常生活や社会への適応能力の維持・回復・開発をはかる専門家です。

食事や入浴・着替えといった日常生活動作を行うための訓練・指導、創作活動あるいはレクリエーション活動などを通じて身体的・精神的機能を高めつつ、きめ細かい自立への援助を行います。

母に訪れた「おだやかな死」

母は入院以来点滴が続き体調が悪く、１月半ばにやっと退院しました。退院療養計画書には「ゆっくり食べさせてください。もし、経管栄養を希望するなら、また相談してください」という添え書きがあり、１週間食べられなかったら経管栄養のため、来院するようにと書かれていました。私は背水の陣で食べ物を考え、母も思いのほかおいしく食べ、退院前に比べて驚くほど体調が良くなり、主治医の往診でも合格点でした。

しかし、退院後６日目、摂食障害から順調に回復していた母が、突然大量に嘔吐し、下痢と37度台の熱を出しました。主治医による「ノロウイルスに感染の可能性大」との指示で訪問看護師さんが点滴をし、深夜、私が点滴バッグを交換した頃から回復の兆しが見え、わずかな食事と水分補給ができました。母が食べられたことを喜び「明日は、おいしいものを食べましょう！」と話しかけ、母の足元に回り、マッサージをしながら母の顔を見上げると、母の瞳が応えず、ふわっとした眼差しになりました。

母は、死の影を微塵《みじん》も感じさせない「おだやかな微笑《ほほえ》み」のまま、夜明け前の水色の時間に旅立っていきました。

ノロウイルス感染

ノロウイルスは平成9年に食中毒の原因の1つとして追加され、ほぼ毎年、この食中毒が発生しており、特に最近では増加傾向にあります。潜伏期間(感染から発症までの時間)は、24～48時間で、主症状は吐き気、嘔吐、下痢、腹痛であり、発熱は軽度です。通常、これらの症状が1～2日続いた後、治癒し、後遺症もありません。また、感染しても発症しない場合や軽い風邪のような症状の場合もあります。

厚労省の食中毒関連のホームページより抜粋

http://www.mhlw.go.jp/topics/syokuchu/

ホームヘルパー(訪問介護員)

入浴、食事、移動、排泄などの身体介護や、掃除、洗濯、買い物などの日常生活の援助を行うホームヘルパーは介護内容により1級、2級、3級の資格があります。

ホームヘルパーの他に、外出をサポートしてくれるガイドヘルパーの資格もあります。

私の家では、ガイドヘルパーを頼むほど、母が回復しませんでしたから、ホームヘルパーを依頼しただけでした。

文中ではヘルパーさんと書いています。

私は茫然自失《ぼうぜん》し、30秒くらいその場に立ち尽くしてから、母の耳元に、「苦しまないでよかったわね」と声をかけて、母の顔を温かなタオルで拭き、髪を整え、柔らかなまなざしのまま開いた瞼《まぶた》を下ろしました。

母が死ぬなんて…走馬燈のように、母との1週間が浮かびました。退院した日、午後の日差しの中を寝たまま運ばれた横顔には、縦横にしわが刻まれ「見知らぬ他人」のようでしたが、自分のベッドに戻った瞬間から不思議なほど「母らしい顔」になり、3~4日でふっくらとした頬に戻りました。前々夜からの腸炎《ちょうえん》で苦しかったはずなのに、眠るように横たわった母は、すぐ目を覚ましそうな柔らかい表情でした。

朝になり、主治医が死亡診断書を書きながら、「足を揉んでもらいながら死ねるなんて、お幸せなお最期ですよ！　うらやましいわね…」と、総婦長さんと話しながら、訪問看護師さんの清拭を手配されました。

父の時は、元看護師の義姉と母が清拭をしました。母は体を拭き、着替えをさせた父の体の冷たさや重さに驚き「あれさえしなかったら、良いお別れだったのに…」と、話していたので、私は看護師さんにすべてお任せをして、最後に、手を組むところだけ手を添えさせてもらいました。

食べることの大切さ

私は納棺のときに、母のあまりのおだやかな顔に誘われ、葬儀にこられない叔母たちのために写真を撮りました。お洒落な母は、パーマもかけていない髪で床に伏した「死に顔」など、撮られたくなかったでしょう。

私は時間が経つほど、母の最期の写真が自分自身の精神状態を維持するために必要だったと思います。今でも写真を見ては「お母さん、胃ろうを拒否して家に帰ってきてよかったのよね!」と、問いかけています。


母をとても丁寧《ていねい》に介護してくださった、介護福祉士の資格もあるホームヘルパーのIさんは、後日、この写真を見て「れいこさんが、お母さんの胃ろうを拒否し、最期まで口から食べさせたかった気持ちが、よくわかったからとても嬉しいわ…」と言われました。Iさんは在宅介護で胃ろうの方をご存じらしく、私が医師の胃ろう処置を拒否し、母を退院させた気持ちを理解できず、不審に思いながら訪問していたそうです。

しかし母が食べて飲んで、毎日機嫌良くにこにこしていたことに驚き、ノロウイルスに感染し、下痢や嘔吐や発熱の中で、訪問看護師さんが点滴

介護福祉士
施設や在宅で食事、排泄、入浴の介助や家事援助を行う介護の専門家。
『完全図解新しい介護』P. 154

処置をしている最中でも、Iさんが「今日中に治ってくださいよ！　明日の朝は元気で会いましょう」と言うと、笑顔で手を顔の前で小さく振り、元気で挨拶してくれたのは、「口からちゃんと食べていたからだと思ったわ」と話され、とても翌未明に死ぬほど重態とは思えなかったそうです。

終末期に口から食べる意味

介護保険法改正前の医療関係者は、嚥下障害に対して食べさせる努力をせず、経管栄養法に頼ることに危惧《きぐ》を持たなかったのかもしれません。

患者にとっても大変ですが、終末期の患者を抱えた家族は、とても複雑な思いで受け止めます。さんざん嚥下障害で苦労をして、吸引器を扱うこわさも乗り越え、食べられなくなるときを迎え、胃ろう処置を受け入れ、ただ管から注がれる栄養だけで生きながらえるのを見つめ、亡くなられてしまうと、「手出しができなかったのだけれど、せめて、好きだったあんこを口に入れてあげればよかった、アイスクリームなら、プリンなら…」と、際限なく心にわだかまり、忘れられないことがあるそうです。

誤嚥
固形物または流動物を誤って気管内に飲み込むこと。乳幼児・老人など嚥下反射の鈍い人、意識障害者、嚥下障害者に起こりやすい。
『看護・医学事典』P. 301

嚥下障害
口腔・咽頭・食道の何らかの原因で、食物が円滑に運ばれない状態。中略。
『看護・医学事典』P. 82
＊退院後往診した主治医の話から推察すると母は、脳梗塞になり、右半身不随になったときに、口腔・咽頭・食道にも障害が起きたようです。母の場合は右肺にも麻痺があるのかあまり機能していないので心臓への負担が重く、水分が多くても少なくても、肺炎を起こしやい状態だったようです。

母は退院後奇跡的に食べられ、明日への希望を持ったまま、死を意識せずに死ねましたから「幸せな最期」でしょう。しかし私は、自分の情報収集能力の低さや工夫の乏しさを悔やみ、自責の念に涙するばかりでした。

あらかじめ私に、母の病状に対応した必要栄養量と、水分摂取量の知識が得られていれば、母に誤嚥もさせず、免疫力を失わせる長期な入院の必要もなかったと思え、勉強不足にほぞをかむ思いでしたし、滅私的に介護をした努力が報われなかった「徒労感」は拭いようもありませんでした。

今思うと入院中の母は、66日間、毎日10％しか食べない「食環境」だったのでしょう。毎日10％食べたということは、退院後の母の食事量から判断すると、工夫をすればかなり食べられたはずです。母が食べられなかったのは、食べたい気持ちに合わない食べ物や量、それに姿勢だったのではないのでしょうか。最近多くのミキサー食の情報を見ますが、病院の場合1日の総カロリーを標準体重や病状から求めるらしく、母には1200キロカロリー分の流動食が出ていました。病院は、治癒《ちゆ》を目指して療養食を提供します。多くの入院患者がいるなかで、母のように、死の前の細々とした安定期に合わせた「口と心を満足させる食事」を提供することは、困

ミキサー食（流動食）

ミキサーですり潰してとろみ剤でまとめた食事。おかゆにもゼラチンや水溶きの片栗粉を入れてとろみをつけます。

1200 Kcalの食事

もしも、144㎝の母の標準体重を42～44kgに考えて、普通に生活をしていれば、1200Kcalの食事が必要です。

また、母の体重の34kg（やせぎすの体型）で、普通に生活をして体重を維持するためには、1000Kcalの食事が必要です。

食環境（言語聴覚士さんからの情報）

母のように嚥下障害がある場合は、食事のときに最大の嚥下能力が発揮できるように環境を整えなければなりません。

① 母に合った姿勢にします。母の場合はベッドの背上げ（ギャッチアップ）角度の調整。移乗が可能だった頃は、車いすやソファー。

② 母に合わせた食べやすい物を用意します。刻むか、ミキサー食か、かんだ方が良いのか？　そのときの状態によく合わせます。

難なことかもしれません。

私は、母が認知症という病気の障害から、「少しでよいから、食べたい物を食べさせて！」という、人間として当然の欲求を意思表示できなかったことに、母を亡くしてから気がつき打ちひしがれました。

介護を「快互」にするために！

母を介護して到達した思いは「快互」でした。

介護生活は「世話をする人」と「される人」のどちらも、精神的、肉体的に大変です。私は、どうすればお互いが、より「快い」かを突き詰め、基本にしていました。労働としては重く身体も壊れます。しかし、社会の手を上手に借りることを知り、自分たち流に受け入れられれば、解決される部分が多いと思います。その意味で、ケアプランは重要でした。

母のケアプランは、最初ケアマネさん主体で、内容を理解してから、私が主体になり、ケアマネさんには計算合わせをお願いしました。２００６年４月からの介護保険法改正では、自分で計画し、契約するそうです。

ケアプラン
介護保健を申請し、介護認定の結果を基に、それぞれの限度額や状況に応じて、受けられるサービスを検討して作る計画書のこと。
基本的には自分でプランを作り、必要なサービスを受けることができます。しかし、いろいろな情報を知った上で作らなければ、自分にとって必要なサービスを、見落とす可能性もあるので、自分に必要な物を考えて相談し、作成することが大切です。

ケアマネージャー（居宅・施設サービス計画責任者）
居宅介護支援事業者に属し、介護保険を利用する高齢者一人一人のために、そして介護をする家族のために、要介護認定の申請の代行や、介護サービス計画を作ってくれます。
また、サービス事業者との連絡、調整などを行っています。
本文中には略してケアマネさんと書きました。

そして、同月より各地域に発足した「地域包括支援センター」が、きめの細かい相談を受け、公正にケアマネージャーなどと連携するそうなのでよく相談し、自分たちにふさわしい介護を選び取りましょう。また介護予防事業を充実し、栄養改善、口腔機能向上に力を入れるそうです。

しかし、出かけていって相談をしないことには、何も始まらないそうですから、本人が認知症などで手をあげない場合は、家族がしっかり相談をしないと、サービスが受けにくくなるかもしれません。

在宅死の受容

母が寝たきりになった当初、主治医からは常に「覚悟をしなさい」と言われ続けました。母も毎日、苦痛から解放されて死ぬことばかりを望み、私に「役立たずなのだから殺しても罪にならない」とまで言っていました。

私は母より先に父も夫も送りました。どちらも死の数時間前まで、家族の誰一人、死ぬとは思っていませんでしたから、結果論として否応なく死を受け入れました。この2人の突然の死に対し、高齢で認知症、死に至る

地域包括支援センター

2005年6月22日に、改正介護保険法が成立しました。その中に、総合的な相談や介護予防のマネジメントをする「地域包括支援センター」を、市町村に新設するとあります。

介護保険法改正について

文京学院大学 人間学部人間福祉学科 教授 綿祐二先生の、2005年9月21日の講演「社会福祉・保障制度の現状と今後を考える」～上手に使う社会保障～を、参考にさせていただきました。

多くの病気、自分で自分の状態がわからず、諄々と死に向かう母を、自分の胸に抱え込んで死を迎えてもらう…。すでに、母が元気になる望みなどないのですから、穏やかな気持で送れるつもりでした。というのは、30年くらい前までの日本には高齢者の在宅死の歴史があり、家族が死を見つめました。高齢者の死に「慣れている」といういい方は不謹慎でしょうが、見送るときを知り、最期に少しでも楽なように身体を動かしたり、末期の水を用意するなどの、死の床への対処法があり、私の身体にも伝承されている気がしていました。

しかし、在宅死を目の前に突きつけられたとき、否応なく母と共有する死の恐怖を受容しきれず、手当たり次第に本を読み文献を引きました。

そして、次の「財団法人 在宅医療助成 勇美記念財団」が、インターネット上に発信していた、関西国際大学人間学部助教授「中村陽子先生」を代表として調査され、２００４年2月27日付けで報告された「２００２年度 在宅医療助成『在宅死における食の援助と医療福祉の課題』報告書」に出合い、医療関係者がすでに、在宅死の問題性に気づいていることを知り、母の退院を決意しました。次に内容を一部掲出させていただきます。

財団法人 在宅医療助成 勇美記念財団
〒102-0083 東京都千代田区麹町3-5-1
全共連ビル麹町館5階
TEL：03-5226-6266
FAX：03-5226-6269
E-Mail：yuumizaidan@nifty.com
http://www.zaitakuiryo-yuumizaidan.com/

はじめに

中村陽子（関西国際大学）

戦後日本においては疾病構造の変化、医療技術の高度化、病院化の進展の中、死亡に関しては在宅での死亡は減り、病院での死亡が急増しているのが現状である。今日の人々の死についての意識や実態は、高度経済成長期を経てここ30年の時代環境で大きく変化した。さらに、現在多くの高齢者は在宅死を再び望むようになってきた[1)]。また、高齢者一人ひとりの死の迎え方の希望も多様化している。

在宅での看取りの意義は、ゆっくり風呂につかったり、好きな物を食べたり飲んだりしながら家族が思いを伝え合い、別れを告げることである。そのためには、医学的には身体的状況が十分理解され、痛みが緩和された状態であること、また在宅サービスは本人と家族が負担のない豊かな時間を共有できることの保障が重要である。

人間は日々食べることが生きることであることを学んできた。これからの在宅死の課題として、病状に即した食の援助を在宅でうけることは極めて重要である。また看取りを行う際、食を通しての癒《いや》しが得

中村陽子先生　参考文献 1.

1）厚生省大臣官房統計情報部編．人口動態社会経済面調査（高齢者死亡）．厚生統計協会，東京，1995.

2）厚生統計協会．国民衛生の動向．厚生統計協会，東京，2002.

中村陽子先生

関西国際大学人間学部助教授

関西国際大学

〒673-0521 兵庫県三木市志染張青山1-18

(大学本部代表) TEL 0794-84-3514

られるような食事のあり方への援助が重要であると考える。

これまで在宅死を可能にするための検討としては、疼痛の管理、社会資源の利用等が論じられてきたが、本研究の目的は在宅での看取りにおける食の現状を把握することである。また、在宅死を可能にするための食の援助および食べることが癒しになる医療福祉の課題と連携の要因を明らかにすることである。

在宅死と食べることの意味

中村陽子（関西国際大学）
人見裕江（鳥取大学）
宮原伸二（関西国際大学）
小河孝則（川崎医療福祉大学）

緒論

我が国の平均寿命は戦後大幅な延びをみせ、世界一の長寿国になった[2)]。しかしこうした高齢者の急速な増加は看取りの問題を深刻化している。１９６０年頃まで大部分の日本人の死亡場所は家であった。しかし、わずか40年後その数は逆転し家で死を迎える者は１３・５％（２００１年）となり、日本人の死に場所は家から病院へと変わった。しかしながら高齢者は住み慣れた家での看取りを望んでいる。今日、在宅での看取りを可能にし、その質を向上させることが求められている。

本研究は、在宅での看取りの基礎資料を得る目的で郵送によるアンケート調査を行った。第１次調査として大阪および山陰（鳥取・島根）の訪問看護ステーションにおける①在宅死の状況と食の関係。②訪問看護ステーションにおける看取りの個別事例についてを調査し検討した。続いてアンケート調査に回答があり、協力の得られた訪問看護ステーションにおける在宅死の個別事例のインタビュー調査を実施した。

：：中略：：

結果

看取りにおける食の意義は大きく、食べることは生きている証であり、食べられなくなっていくことは死への恐怖を増強する原因となっていた。しかし、これまでの看取りの経験や医師・看護職の指導が死の過程の理解と死の受容を助けた。また、介護者と家族は死の受容と共に看取りの力をつけ、最後の瞬間も動揺することなく生き生きと看取りをおこなっていた。

胃ろう造設や医学的な処置の有無は、かかりつけの医師の価値観や判断が大きく関係していると推測される。また、在宅での看取りに熱心な医師と看護職の存在が、最後まで口腔摂取と在宅での看取りを可能にしている大きな要因であり、本人が自然な看取りを希望した場合とこれまでの家族の看取りの経験が、医学的な処置に頼らない自然な死を可能にすると考えられる。最後まで好きな物を食べて畳の上で死ぬことができた、自然な死への満足感は強かった。その一方で、介護者は、調理や介助等食事摂取の機能低下への対応に苦労し困惑していた。しかしながら食の専門家である栄養士の関わりはほとんどなかった。平成12年に栄養士法が改正され、平成14年からベットサイドで患者の栄養ケアに対応することのできる専門家として管理栄養士の養成教育が始まった。しかし、在宅患者訪問栄養指導の実施率は約５％にとどまっているといわれている[7]。入院治療から在宅移行後は継続した食に対する相談、指導の必要性が指摘される。また、在宅における看取りのＱＯＬを向上させるためには、他の専門職との連携システムの整備と構築が重要である。本調査では食は食べる機能よりもＱＯＬの側面が強いことが示唆されたが、これまでの栄養必要量の指導のみではなく食が癒しになるような栄養士の役割を理解し、看取りにおける食の関わりを実践していくための連携のチームケアが医療福祉職に求められる。

右記報告書は、勇美記念財団のホームページで発信されていましたが、２００９年現在発信されていません。

この報告書を読み、悩んでいるのは私１人ではなく、多くの介護者が、「終末期の食事介助」に、悩む事実を知りました。

しかし介護者の悩みへの回答を探り、新たな支援が今後構築される可能性を知り、皆が悩むのならば、頑張ってみようと思い「仕事を持つ私でもできることからしよう」と考え、毎日の食事介助が楽になりました。

中村陽子先生　参考文献 2.

７）杉山みち子. Home Care Medicine.
メディカルトリビューン, 2003, 36－37.

QOL(生活の質)

満足度の高い生活

取り残された思い

母の呼吸停止を確認し、主治医へ連絡してから、ホームページの掲示板が書きかけだったことを思い出し、母の臨終を書き込みました。

母が退院をしてから毎日薄氷を踏む思いで暮らす私を、ホームページのお仲間が心配して朝早くから掲示板を訪れて母の訃報をすぐ見つけ、私が兄弟に知らせるよりも早く、お悔やみの書き込みをしてくださいました。

今回の入院は、肺炎の症状が治まったら、車いすに安定して座れるようになる訓練をお願いし、今後何年かあるだろう母の余命に、生活の喜びをどう作るか、療養生活の長期設計をするもとにしたいと考えていたのに、いきなり「食べられないから終末期」だと宣告されて混乱しました。

退院した母に、「一生懸命お母さんが食べられそうな料理を作るわね。もし食べられなければ死ぬかもしれないのよ。それでも仕方ないわよね。ずーっとそばにいるから、頑張ろうね！」と話してから介護を始めたのですが、母は日々順調に食べてくれました。

私はすっかりたかをくくり「母はまだ当分死なない！」と、いつの間にか思い込んでいたのでしょう。母の命が消えた瞬間、だまし討ちにあったように愕然《がくぜん》として涙もこぼれず、一人だけ取り残されたような、不思議な感情に戸惑いました。それでも、死を待つことを恐れていた母に「知らないうちに死ねてよかったわね！」と話しかけ、パソコンの前に座り込みました。

インターネットに救われる

最近、うつ病患者が社会復帰をするためのリハビリに、自分の気持ちを書き、それを、自分の目で見ることで、気持ちをコントロールする方法があるそうですが、私もホームページ上の自分の文章を見て、精神の安定が得られ、介護のお仲間が書き込んでくださる情報に助けられました。

深夜のオムツ介助を終わらせ、1日のカロリーと水分の総計をし、排泄量のチェックを済ませてから、インターネットを開き、私の「在宅介護という暮らし」の掲示板や、介護関係のお仲間のホームページに目をとおしていました。母が重態な時は1日の介護内容を書き出し、困ったことを書

うつ病（躁うつ病の項）
爽快な気分と興奮を主症状とする躁状態と、憂うつな気分と抑制を主症状とするうつ状態が、周期的に現れる精神障害。躁状態と、うつ状態は交代して現れるとは限らず、うつ状態の出現がはるかに多い。中略。
『看護・医学事典』P. 540

き込むと、さまざまな情報を寄せてもらえました。

いつものお仲間だけで解決しない場合は、あちこちの掲示板で話題にして、情報を集めてくださるので、張り詰めていた心がうそのように溶け、励ましの言葉や情報に、母の介護全体を冷静に考え直せました。ホームページを発信したり、掲示板にハンドルネームという仮名で書き込む以外、お互い、顔も名前も年齢も知らないのに、立ち往生している仲間に、生きた情報を提供し合う間柄は、どのような情報システムにもないでしょう。

介護をする年齢層は、50代〜70代くらいまでが一番多いのでしょう。

結婚と同時に介護が始まってしまった20代や30代の方もいます。また、その年代のお孫さんが担いでいる場合もあります。若い世代がパソコンに触れていても当然かもしれませんが、一番パソコンに遠いと思われている私たち50代〜70代が、在宅介護の情報の無さに絶望し、藁《わら》にもすがる思いで、介護の合間に娘や息子、夫の指導で開いたホームページの虜《とりこ》になり、介護の情報から、日常の情報までを得て、ついには自分の介護を冷静に見つめるために、ホームページを立ち上げることも多く、80代のお姑さんが発信しているホームページまであります。

次に、母の葬儀後に書いたホームページ上の日記を転載します。

ハンドルネーム
ホームページに、意見などを書き込むために使用する仮名です。私の場合は「ホタル」です。

ホタルのホームページの日記より

●1月21日午前4時15分、母は永眠いたしました。

自分でできる精一杯の介護をしたつもりですが、今日になれば悔やむことばかりです。今度の入院のきっかけの誤嚥も、もう少し私が栄養のとり方などをわかっていたら、させなかったのじゃないかとか…

母が退院して最初の1週間を越えさえすれば、3月の誕生日まで、生きてくれると信じておりましたが、退院してちょうど1週間で母は天空へ駆け上ってしまいました。私は本当を言えばとても残念でなりません。しかし、花が枯れきってしまうよりも、まだ機嫌良くにこにこ毎日過ごせるうちに亡くなることができた母は幸福だと思っています。

花のような人でした。静かにそこにいてくれるだけで…そして、目が合えば本当に嬉しそうに笑い…退院してからの1週間は、毎日何につけてもにこにこしていました。

病院にお見舞いに行っていた頃の、とてつもなく無表情な顔がどうしたらここまで変わるのかと不思議に思っておりました。この1週間がなかったら私はとても寂しかったと思います。

今母を思うと、最後のにこにこ顔しか思い出せません。母が私に送ってくれた大盤振る舞いのにこにこ顔が、私のこれからの人生を明るくしてくれると思います。

私の介護をたくさんのアドバイスで助けてくださった、NETのお仲間に、改めてお礼を申し上げます。皆様が打てば響くようにいろいろの情報をお寄せくださいましたお陰で、母をひとりぼっちで担いでいる訳ではないという安心感がいただけて、どれほど心が安らかだったか…思い起こして感謝するばかりです。今月の独り言は、ここで少しお休みします。また、私の掲示板はお一人お一人が書いてくださったお言葉に返信ができませんので、ここへお礼を書かせていただきます。

●tonkoさん、いつも朝早くから情報をお持ちいただき、ありがとうございました。母の訃報にも一番乗りで書き込んでくださり嬉しかったです。

次ページへ続く

前ページよりの続き、ホタルのホームページの日記より

掲示板にはしばらく書き込みできないかもしれませんが、巡回の時にお留守番してくださいませんか？お願いできたら嬉しいです。

●いつもあんなに早い時間にお書き込みにならないがうらさんの書き込みを拝見して驚きました。がうらさんのお励ましでいつも気持ちが強くなりました。ありがとうございます。

●takoさんは細身ですっきりしていらっしゃり、母の家族を思い出します。姉妹を持たない私は、つい優しいお姉様の感じで甘えています。いつも介護の先輩、人生の先輩としてのアドバイスをありがとうございます。

●るんるんさん、本当に私が望んだとおりになってしまいました。願わくばもう少し長くと思いましたが、それはない物ねだりですね。いつも気にしてくださってありがとうございます。その内お姑様にもお目にかかりたいわ！今夏は多分、関東近県の博物館で展示します。来夏は、西陣と群馬を結んで何かできないかと考えていますから、お目にかかる機会があると思います。

●きてぃちゃん。私は母を退院させるのが遅すぎました…残念です。12月からたくさんのアドバイスをいただきましたのに間に合いませんでした。私の理解不足です。応援ありがとうございました。入院生活で母は命を磨り減らし、在宅で一生懸命しても報われない介護が悔しくて…　終末ケアについて私なりに形を作りたいと母を失った今思います。あんなに話してくださったのに気づかなかったこと…　今、思い知って涙しています。遅いですよね…

●そばさん、私はそばさんの介護が目標でしたよ…偶然最期に立ち会えて私は幸せでしたが、あの日母が空腹なのを見過ごしていたら、多分、母の最期には立ち会えませんでした。入院していたら立ち会えていませんし…　その意味で私はラッキーでした。でもそれは、そばさんがくださった、たくさんの応援で、私が考えることができたから立ち会えたのだと思っています…
そばさん、いつも応援ありがとうございます。栄養のこと真剣に勉強します。

次ページへ続く

前ページよりの続き、ホタルのホームページの日記より

●りりこさんありがとうございます。
またまたHP変化していますね…ご主人様のお写真を拡大して拝見してしまいました… KITE君に、いつも癒されています。

私、いつかKITE君に会いにいきますよ…絶対！　そこを目標にしています。

●マーコさん？マーコーさんかしら？　マーコーさんならお近くだからお会いできそうですね…もし違って、マーコさんなら初めまして…書き込んでくださってありがとうございます。

●kamiyui・BIBIさん　ごほうびに弁髪にしていただこうかしら…おすべらかしのほうが良いなあ…tonkoさんのBBSでもいつも拝見しています。
ありがとうございます。

●momokoさん、ありがとうございます。人間は勝手なもので、どうにも救いが欲しくなって、カテドラルでのごミサにあずかったりしていました。
母は神職の娘ですが、嫁ぎ先は仏式で、線香の煙の中ご先祖様の仲間入りをしますが、神職の従兄弟が「伯母さんは一体どこへ行くのだろう」というから「高天原でしょう？祖父と祖母の所へ行ったのよ…その内、浄土を目指して父を捜すんじゃないの？　時間はたっぷりあるから…」と言ったら「それは、そうかもしれない…」と、みんなで納得するからおかしかったです。

だって、母は嫁いで仏徒になったのに！

●さくらそうさん、ありがとうございます。ホントにね！　親はいくつになっても親です。母など今頃祖母に会っていますよ！
なにしろ夏頃まではよく「おか〜さ〜ん」と、呼んでいましたから…　私も命の終わりにはやっぱり母に会いたいかもしれませんね！

●yokoさんありがとうございます。るんるんさんの掲示板で、またお会いしましょうね…　母にパワーをもらって頑張りますね…

次ページへ続く

前ページよりの続き、ホタルのホームページの日記より

●じゃーさんありがとうございます。
ミレナリオ良かったでしょー…この次は絶対見ます…　お留守番で気の毒な人がいなくなったので、安心して見に行けます。

●mikiさんありがとうございます。スープとかも本当に大切ですよね…辰巳芳子さんのスープは、すごいんでしょう…そのうちチャレンジしますね…

●ケメコさんありがとうございます…ぼちぼちやります。なにしろ待っている人がいなくなりましたから…「気合いだー！」がチョコっと減ったかも…ぜひまた遊びにきてください…

●みるくさんありがとうございます。今度チャットできたらいいですね…
楽しみにしています…気軽に遊びにきてくださいね…　画像掲示板に直そうかしら…などと大それたことも思っています…　でも、ちょこっとお休みします。充電して英気を養ってボチボチしますね…

●しのぶさん、お稽古でお忙しい中ありがとうございました…たった1週間だと知っていたら…介護の仕方はどうだったろうか…と思いましたが、やっぱり同じでしょう。頭ではわかっていませんでしたが、私の身体が母の死を知っていたような気がします。

母の退院後の7日間、まともに寝られませんでした…小刻みにできる限り仕事を終わらせて…なるべく母のそばで過ごしていました。

風呂も入らず、食事は作るものの自分は食べない。いつにも増して、寝ている時間がわからない母親に、息子が夕食を作ったり「買い物に行こうか？」と、いつになく自発的だったのも、祖母の異変を感じてのことでしょう。

身内とはそんなものなのかもしれません。

たくさんの皆様のお悔やみに力をいただきました。

皆様の応援にいつも感謝しております。

次ページへ続く

前ページよりの続き、ホタルのホームページの日記より

　また私の拙い介護が、これから同じように親ご様のご介護をされる方の、参考になれば…と、思います。

　私の介護の仕方の何が正解で、何が失敗だったか、これからゆっくりつまびらかにしていきます。

　母を送った直後の主治医、総婦長さん、訪問看護の看護師さんのお話の中から、たくさんの「？」と、そうだったのかという謎解きがありました…

　こと、ここに及ばずで…母を失って追い打ちのような事実確認で、涙をこぼしました…


　医療分野にはまったく素人な在宅介護者が、受け持たざるを得ない終末期の身体介助と食養生は、被介護者の死を共有しなければならない在宅介護者にとって、とても大切なノウハウですが、調べようがありません。これは単に、在宅介護者に知らされていないのではなく、医療者側にも、サポートする体制がないのかもしれません…　今後、このあたりのサポートについて、ホームページ上で考えていきたいと思っています。

ホタルのホームページアドレス

http://www.tcn-catv.ne.jp/~moreri/
　半身麻痺の母が、少しでも過ごしやすくできるように工夫していたことや、在宅介護生活に必要な品々について、メーカーさんに工夫していただきたいものを提案し、開発に参加し、発表するページにしたいと考えて、構築していました。2006年から更新していませんが2009年現在も発信しております。

　ホタルが在宅介護で使用していた製品等に対して、お読みいただいた方々への情報提供のためと、その公共性を保つために、製造会社などのホームページへ訪問できるようにしてあります。

1章

母の老いと介護生活の始まり

認知症は痴呆ではない
隠さずおおらかに生きよう
一人ぼっちにしないことを伝え、
自分も孤立していないことを知ろう

認知症（痴呆症）との共生

両親が58歳のときに私が結婚し、父が60歳で脳出血からの眼底出血で絵が描けず、闘病生活を始めたころから、母は電車に乗り違え、数時間も行方不明になったり、慣れた道で迷うなどのおかしな行動がありました。また、事実誤認《ごにん》による作り話をして驚かされるなど、知るのは私だけでしたが、今になって思えばアルツハイマー型認知症の症状でした。

考えてみれば、私の結婚の翌年に次兄が結婚し独立、次々かわいい孫に恵まれて楽しいけれど、父の闘病中に、私の婚家や義姉の実家とのつき合いなど、煩雑《はんざつ》な人間関係は母の精神を冒したかもしれません。68歳で父が亡くなるまでの8年間に、胃潰瘍《いかいよう》や肋骨の骨折、階段の最下段で空ぶみをし、かかとの骨にひびを入れるなど、3度の入院生活がありました。父を失ったときに、母は重度のせん妄《もう》を起こしましたが、家族は伴侶《はんりょ》を失ったことが原因の一過性の情緒不安定だと思いました。私は母の楽しそうな顔を見たくて、2人だけの旅行や観劇を心がけ、母のおかしな行動はいつの間にか消えましたが、実家で暮らす状態はわかりませんでした。

アルツハイマー型痴呆

痴呆はアルツハイマー型痴呆と脳血管性痴呆がその代表ですが、痴呆を象徴するのはアルツハイマー型痴呆といえます。なぜなら人間が生活していくうえで基本となる知的実行能力とその自らの言動を反省する能力が損なわれ、社会性を失い、周囲の支えが必要になるという痴呆の中心的障害が顕著に現れ、しかも高齢になるほど発症率が増加する疾患がアルツハイマー型痴呆だからです。

『図解・症状からみる老いと病気とからだ』P. 28

脳出血

やや漠然とした名称で、このなかには高血圧性脳内出血・クモ膜下出血あるいは突発性脳内出血（血管種などによる）などを含んでいる。→頭蓋内出血

『看護・医学事典』P. 709

70歳代で、周りの者も気づく症状がゆるやかに始まり、鍼灸《しんきゅう》やあんま治療のお金を、ティッシュペーパーに包んで持ち歩き、ゴミと間違えて捨て、お金が盗られたと被害妄想《もうそう》で騒ぐこともありましたが、77歳の時に私が再婚をして遅い出産をしたため、孫を訪ねる生活が気持ちにめりはりをつけたのか、83歳で左手首下を骨折するまでは末息子と同居し、現役の主婦として家事をしていました。

母は、骨折治療の評判の良い外科病院に入院し、難しい骨折が手術せずに修復できました。すでにあちこち骨折をしており円背でしたが、全身の精密検査では、年齢の割には骨が丈夫で「今のところ、悪い所見はない」との診断でした。しかし日ごとに精神状態が悪くなり、3晩目に母のあまりにも不穏《ふおん》な状態に居たたまれず、退院後の介護を元看護師の義姉に相談すると、私が引き取って同居することを条件に、主治医と話し、「1カ月後に外来で診察を受ける」ことを条件に、退院できました。

帰宅後、荷物にオムツパッドがありギョッとしました。義姉は、「トイレがわからなくて徘徊したり、下りられないように高くしたベッドから落ちるので、オムツをあててベッドに縛りつけていたらしい」と話し、母も

せん妄

意識障害の特殊な型の1つで、比較的軽い意識障害に活発な内的体験（幻視・幻聴・錯視・不安など）と、精神運動性興奮の加わったもの。中略。

『看護・医学事典』P. 537

1カ月くらい後に「ベッドに手足を縛られていた」と、屈辱《くつじょく》に涙をこぼしながら話しました。母は4日間の恐怖と怒りと絶望で、排尿感《はいにょう》とトイレに行くタイミングが合わなくなり、認知症が著しく進みました。

毎日、親子でトイレで泣きながら工夫をし、頻尿《ひんにょう》や残尿感は漢方薬で治し、オムツパッドを完全に外すまでに2年かかりました。

母はこの1996年のたった4日間の入院で、医療機関にかかることにこりてしまい、これから後、捻挫《ねんざ》などでの通院もいやがり、医師に会うことすら嫌うようになりました。

私は「入院＝オムツを当てて縛りつける」という医療現場の構造に納得できず、2002年秋、NPO法人として発足した「市民の立場からのオムツ減らし研究学会」の会員になり、オムツ開発部長を引き受けました。

入会後、高齢者のオムツの外し方を、介護老人保健施設の医師に聞くとようすを見ながら、2〜3時間おきにトイレ誘導をすれば、2カ月くらいでオムツは外れるそうです。こういう知識をそのときに知っていたら、楽だったと思いました。そして誰でも排泄のトラブルを避けるために、自分の「排泄リズム」を知っておくと、対処が楽なことを知りました。

市民の立場からのオムツ減らし研究学会

NPO法人「市民の立場からのオムツ減らし研究学会」の理事長で、拘束廃止研究所長の田中とも江さんは、東京都八王子市の、上川病院（吉岡充理事長）で、総婦長としてスタッフ一同と「縛らない看護」に取り組みました。
厚生労働省の、身体拘束ゼロマニュアル委員などを務め、身体拘束の廃止からオムツ減らしへと活動の輪を広げ、患者さんの立場にたち、「自分だったら、どうしてほしいのか」と、考えることを提唱していました。

徘徊（はいかい）（老人の）

ウロウロと目的もなく歩き回ることをいい、ぼけの行動面の障害の一つであり、ぼけが中等度から高度に進行するにしたがって増える傾向がある。不眠や夜間せん妄に随伴したり、状況における自分の位置や存在に関する強い不安が誘因となることもある。中略。
『看護・医学事典』P. 718

ベッドからの転落

２００２年９月19日、母は午前2時から正午の間にベッドから転落し、自力で羽布団をかけて床に横たわっていました。毎日昼食をともにしていた私が見つけたときには、右大腿骨《だいたいこつ》の骨頭部が動きませんでした。

意識がはっきりしており、支えることで立位が保て、移乗もできるし、座っていれば普通に過ごせました。本人が「それほど痛くないから病院に行かない」と言い張るので、ようすを見ることにしました。

後から考えると、このとき無理にでも救急車を呼べばよかったのでしょう。しかし、母の精神状態が一気に崩れたとは思います。また、その3カ月前、母が裏庭の上がりかまちでつまずき、足首を捻挫し、家庭医で受診した折にレントゲン室への介助のため、母を背負ったことから、私は椎間板ヘルニアになりました。母は1カ月で歩けたのに、私は、そのときまだ治療中でしたから、母が入院したら、仕事と介護のかけ持ちはできないと思いました。顔色も良く、母の言うように「1～2カ月介抱すればまた歩けるようになるだろう」と、たかをくくったことも事実です。それで家庭医と相談し、貼り薬をいただき、毎日貼り直していました。

介護老人保健施設

介護やリハビリを中心としたケアと安定した医療を提供する、医療と福祉の両方に位置する施設。目標は急性期の治療が終了した高齢者の家庭復帰で、家庭での介護に役立つ日常生活の支援を行う。

『完全図解新しい介護』P. 347

母は元気でしたが、おとなしく座っていられなくなりました。少し歩けそうになると、人を呼ばずにすぐ立ち上がり、いすから落ちたり、ベッドから落ちたり、トイレにはまったりしたので、日々対応に追われ途方に暮れました。勿論、治りそうで治らない、急性期ではないので、老人施設へ入所するか、在宅介護を継続するかの正念場になりました。

これは床ずれ？

母が最初にベッドから落ちたとき、右腰に、巾2センチ、長さ5センチの薄赤い場所がありました。数日たち、立位で湿布を貼り替えていると、皮下組織が骨に貼りついたのか、皮膚の手入れをしても、そこだけ動かない不思議な場所になり、少しずつへこみ始めた…と思っている間に、皮下組織がなくなり、カサカサの茶色い皮膚が直接骨に貼りつきました。母は痛みを感じていないようでしたが、このままその場所の細胞が死に、周囲の皮膚との境目が裂ければ「巨大な傷」になると思いこわくなりました。今まで見たこともない症状だったので、もしかすると高齢者にとって命取りになる、床ずれ（褥瘡《じょくそう》）かもしれないと思いましたがちょうど金曜の夜

紫雲膏
華岡青洲が作った漢方の塗り薬です。紫雲膏は、薬剤士が調剤する薬なのだそうですが、便宜的に調剤され、いろいろなメーカーから発売されています。

床ずれ（褥瘡）
骨の突出部に、体重の圧力が持続的に加わって、局所の血液循環障害、虚血を起こすことが床ずれの主要な原因です。したがって、仙骨部、大転子部、座骨結節部、踵骨部、外踝部といった骨の突出しているところによく発生します。後略。
『図解・症状からみる老いと病気とからだ』P. 154
＊市民の立場からのオムツ減らし研究学会の田中とも江理事長に、２時間同一体勢で圧力が加わると、発生するといわれ、それ以後は、毎日気をつけていました。

だったので、とにかく家にある薬で手当をしようと考えました。

息子のアトピー性皮膚炎の治療用に、いつも５００グラム入りを常備している「紫雲膏《しうんこう》」の効能に「床ずれ」とあり、「紫雲膏」を息子にすすめてくれた友人の「漢方薬研究家」が、「たっぷり塗ると、床ずれに効果がある」と話していたのを思い出し、「紫雲膏」を、傷のへこみに盛り上がるほど塗り、傷を覆い、絹のガーゼ生地で包みました。

「紫雲膏」を、オムツ交換のたび、10グラムくらいずつ、たっぷり傷のへこみに盛り上げれば、ホームページで見た褥瘡の「湿潤《しつじゅん》療法」の応用になるとも思いました。また、環境保全の活動で知り、手に入れた「良質のプロポリス」も飲用してもらい、動物性たんぱく質の豊富な栄養価の高い食事を用意しました。何が良かったのか翌日の夜間には皮膚の乾きが止まり、日曜日の夜には皮膚の下に肉芽が上がり、２週間で治りました。その後やはり褥瘡とわかり、家で治癒《ちゆ》したことに驚きました。

骨折後2ヵ月くらいで、補助されれば数歩歩き、自力でベッドへの移乗ができるようになりました。しかし入所や介護保険の利用を、母が拒否し続けたため、歩けるようになったら家庭医に相談し、リハビリ指導を受けるつもりでいました。また、母は家に他人が入ることを極端にいやがりま

開放性ウエットドレッシング(湿潤)療法

鳥谷部先生のホームページを読み、褥瘡は、乾かさなければ治ることを知りました。母の腰にできた褥瘡を紫雲膏で治せたのは、湿潤療法と同様に傷を密閉したからでしょう。

鳥谷部先生は「褥瘡」を、「褥創」という用語に変え、湿潤療法では「瘡（カサブタ）のない治りやすい傷」になると、提唱しておられます。
＊特定医療法人慈泉会　相澤病院（長野県松本市）褥創治療センター統括医長の、鳥谷部先生のホームページアドレスです。
http://www.geocities.jp/pressure_ulcer/

絹のガーゼ生地

群馬の蚕業試験場で紹介してもらい、手に入れた、精製シルク100％の不織布のガーゼ。大判なので、色々な場所に使えます。オムツのゴムが当たる場所などに、切って挟むと、母は、かぶれやかゆみが出にくくなりました。2005年当時、医療用具承認申請中。
シルエンス株式会社　TEL 03-3639-9988
シルガーゼ　30×30cm　四つ折 100枚入り
未滅菌

したから「私ができる間はいいや…」と、諦《あきら》めてしまったのも確かです。それに、そのころの私は「市民の立場からのオムツ減らし研究学会」の事務局で、ボランティアをしていたので、各地から関係者が集まる会合のたびに、理事の医師や看護師さんなどから、母に必要な知識を得られ、母の意に背いてまで「介護申請をしなくてもよいかなあ」と、単純に考えていました。

2002年12月24日午前0時、母は脳梗塞《のうこうそく》を起こして右半身不随《ふずい》になりました。以来、自力歩行不能でしたが、身体的な不具合はあってもその他の所見は悪くなかったので、在宅で過ごすことを選びました。

在宅介護に「こだわった」理由

ありがたいことに、発作後1週間でスプーンが持て、1年後には箸を持ち、日本そばが食べられるまでに回復したので、足は不自由でしたが、家族の介助で「人間としての尊厳を、持ち続けられる」と思いました。

母が入院することや、施設への入所を拒否したこともありましたが、私が、母を施設や病院に入れなかった最大の理由は、私が知る限りの施設や

脳梗塞

脳梗塞と脳(内)出血は、脳組織に直接栄養を送る血管が障害される点で共通した特徴を持っています。代表的な症状は片麻痺、感覚障害、失調、失語、失行、失認などで（神経症状、巣症状)、障害された脳の部位に一致した特徴があり、中略。脳梗塞は、さらに脳血栓と脳塞栓に区別されます。

脳血栓は脳(内)出血のように動脈硬化を促進させる生活習慣病で合併しやすく、一方、典型的な脳塞栓は、心房細動や心臓弁膜症患者に見られる心房内の血栓が外れて、脳の中程度以上の太さの動脈を閉塞して起こるものです。

『図解・症状からみる老いと病気とからだ』P. 18

病院では、母がベッドで静かに過ごせず、夜間になればせん妄を起こし、身内を求めて叫んだり、わずかに動く体でベッドから逃れようとして落ちたり、暴れることが火を見るよりも明らかだったからです。前回の入院時以上に縛られる（最近では抑制というのでしょう）予想もつくので、母の気に入る状態で、家で暮らす道を試行錯誤していました。

そしてまだその頃は、母の在宅死を単純に受け入れられるつもりでいました。１９４７年生まれの団塊の世代の私が子どもの頃、高齢者が家庭で亡くなることは当たり前でした。いつの間にか高齢者の医療施設での死が当然になり、近年では在宅で死を迎えるのは１３．５％（２００１年）と非常に少なく、地方によっては「入院させず、家に置いて死なせるなんて非常識だ！」という偏見もあるそうです。

仕事と介護の板挟み

母が倒れた時、私は図鑑作家として3冊の身近な生き物の飼育図鑑と、1冊の児童書籍を、８ヵ月間で執筆するという大仕事を抱えていました。父の絵本や挿《さ》し絵の入った教科書で育った私は、生活のなかに仕事があることは気になりません。私が創る飼育図鑑は、写真では見分けられない細かい部分を、精緻《せいち》なカラーイラストを駆使して表現するので、一冊の図鑑に100枚以上イラストが入り、登場する生き物はすべて飼育をしながら24時間観察して描くので、深夜の観察の担当は私でした。

そのように不規則な私の生活や、亡くなった絵描きの父を支えた母のモットーは、「おいしく食べること」でしたから、89歳という高齢で認知症もありましたが、1日1回母のところに家族全員が集まる、夕食の下ごしらえを担当し、おいしい料理と一家団らんを楽しみにしていました。

しかし、自分の不注意でケガをして私を助けられないばかりか、1日中ソファーに座り込んで、3食すべて上げ膳据《ぜん》え膳になった事態に困惑し、自分自身を承服できなかったらしく、せん妄を頻繁《ひんぱん》に起こしました。

父を亡くした時には酷《ひど》い錯乱《さくらん》状態で、幻視《げんし》・幻聴《げんちょう》・錯視《さくし》・不安感・夜半には同じ話を繰り返し睡眠薬でやっと眠る日々でしたが、そのときと違い自傷したり、徘徊《はいかい》して行方不明になる心配がないことは気楽でした。しかし、うつらうつらするばかりで眠らず、24時間私の名前を呼び続けて声もかれ、壁や床をたたき続けて、手を血だらけにするのには困りました。

私は、2カ月に1冊仕上げる本のレイアウトと文章を執筆し、絵も描くので、家事と睡眠に5時間配分するのがやっとの生活でした。

仕事、ボランティア、母の介護、子育て、どれもやめられない。出版期日は当然変えられない。すでにスタッフは、「校了」に向かってばく進中なので、睡眠時間を決めず、乗り切ろうと考えました。

絵描きの妻

執筆や作画、校正などの手作業はすべて母のベッドの横で行い、パソコンへ入力するときは、弟や夫に家事分担を頼み母の部屋にいてもらいました。幸い、息子や孫を含め、家人が同室すれば母は静かでした。

母は自分の息子が皿洗いをするのは我慢《がまん》していましたが、娘の夫が深夜翌日の食事の下ごしらえや、簡単な料理を作るのを見るのは辛いらしく、「女の私がいるのに、あなたのご主人様に台所仕事をさせるなんて忍びない」と、仕事を抱えて座り込んだとたんに話すので困りました。しかし、夫であった父の存在は忘れたのに、絵を見せると絵描きの妻として、評価をする癖《くせ》がついており、気が紛れるのが早くて助かりました。私は、家族に支えられて母のオムツ介助や身体介助をし、眠れる時間は30分でも寝ました。当然、夫か息子にたたき起こしてもらいますが、そうすることで、1日2時間は眠りました。こんな生活は2度とできないし、命がもたないでしょう。

この年のスケジュールは、介護がなくても本当に無謀《むぼう》でした。私はたぶん、母の介護をしなければならないという使命感から、日々達成感を持ち、時間を有効に使い、乗り越えられたのだと思っています。

翌年の4月までにすべての出版が終わり、母を介護する生活にも慣れたころ夫が急逝《きゅうせい》し、事務局のボランティア活動が無理になり退会しました。

介護保険と健康保険、そして在宅介護

事務局は、施設介護の人々の質の向上を目指す集まりであり、施設介護と在宅介護では、その内容が根本的に違います。

事務局にいれば知りたいことの本質がわかると思っていましたが、むしろ高齢者用施設の悪い面を見てしまいましたから、施設から遠ざかることばかりを考えていました。

それに、ケアマネさんの手配に従って、ショートステイを利用した後の

家族の不満、入退院のトラブルや施設を点々とする理不尽さなどを聞いているうちに、母が受けられるサービスについて、考える気が失せました。

今思えば、母ともっと話し合い、まだ母が歩けるうちにデイサービスを利用し、同年代の方の中で過ごすことや、車いすの方々に会っていたら、母は28ヵ月も寝たきりになる生活をしなかった気もします。

デイサービスや、ショートなどをいやがる親ごさんを抱えている方は、親子で見学することをおすすめします。高齢の親が「年寄り臭いところへ行きたくない」と言っても、いきなり寝たきりのオムツ介助や、入浴介助になるほうが気の毒でしょう。

介護保険料は年金からの自動振替なのに、本人が手をあげないかぎり使えないシステムでは、母のように頑強な拒否があると使いにくいのです。なぜ最後の10ヵ月間使えたかといえば、使用開始のきっかけの脳梗塞で母は重度の半身麻痺になり認知症が進み、単語の羅列をわずかにするだけで会話ができず、人の話に対して意思表示をせず、調査員がきても拒否しなかったからです。今から思えば、母に「褥瘡予防のベッドを、保険で借りましょう」と話せば、納得したかもしれません。

情報を得るのに積極的ではない独居の高齢者や、高齢者のみの家庭などは、何の助けも求めず、困りながら、暮らしている方も多い気がします。

実際、介護保険を使わずとも、健康保険で病気は治せます。母のように福祉機器の必要な重度者は、介護保険を使う気になるでしょう。しかし、ただの病気がちや、自分の不注意での怪我では、何を助けてもらえばよいのか、被介護者自身、わからないかもしれません。

大家族制が崩壊し、気軽に家政婦さんを頼めない世のなかで、昔どおり「息子や嫁」に依存する考えを持つ、「親世代」に、同調する家族がおり、社会の手を借りずに在宅介護へ突入し、妻一人頑張って悲鳴を上げていても、理解を得られないケースが多い気がします。また、少子化で、お嫁さんにはお嫁さんの親が、介護を求めている場合も多くなりました。

このあたりのことを、被介護者自身よく考えないと、介護者の世代が崩壊します。このような家族の相談が、改正保険法の地域包括支援センターの、支援項目に入れば、離婚にまで発展する在宅介護のトラブルや、介護死、孤老死などが救える気がします。

しかしそのためには、地域住民のボランティアが必要かもしれません。

介護保険の運営は、私たち団塊の世代が親を担ぎ終えて疲れ果て、被介護者側に突入する前に、親を担ぎながらでも地域に根ざした「在宅介護の自助環境」を整備しなければ、次世代が、保険の支払いで潰れてしまうでしょう。

母を送ってから、今後急激に増大する「高齢者社会」の介護環境を見据え、生涯教育と絡めるなど、行政との協働も考えることが、私たちの世代の命題だと思い、できることから活動していこうと考えています。

認知症が受容できない家族

２００４年の春、母が再度の脳梗塞で完全に寝たきりになってからは、認知症として対処していましたが、ヘルパーさんも兄弟たちも、「91歳だから老人性の呆けだ」と思っており、私が「認知症」だと言うとなぜか、とても怒られました。

ヘルパーさんには、病気を病気と捉えないと間違った介護になり、かえって母にとって悪い介護になるから困ると話し、姿勢などを動かすときに本人の「大丈夫」という言葉より、顔色をよく見てほしいと話しました。

それに、いったん言い始めたら１００回でも同じことをいう母を、兄弟が正そうとして、険悪な雰囲気になるので、私は、母の呆け症状が老人性なのか、あるいは病的なのか、診断がほしいと思っていました。なにしろ母が「認知症」を発症したと思える１９７０年代には、認知症に関しての情報がありませんでしたから、兄弟たちは、脳出血で倒れた父の介護疲れでおかしいくらいにしか思わず、母を精神科に診せませんでした。

またアルツハイマー性認知症は、全経過は4〜8年（最近は6〜10年に延長）で、平均６・８年程度という情報もあるので、母は違うのかな？とも思っていましたが、２００４年9月に入院した際、担当医に経年の疑問点を話し、質問したところ、「今からＣＴなどで調べる意味はないですが、そのような経緯なら認知症でしょうね…」と、話されました。

私は、30年もの長きにわたる病歴を不思議に思いました。しかし、母を送ってから友人のご主人の医師が、「アルツハイマーは長いから」といわれたと聞き、担当医が診断したように病気ならば、兄弟揃って認識し、母が安心して養生できる態勢にしたかったと思いました。

母を失ってハッとしたのは、私がすでに母がアルツハイマーを発症した年齢に近づいていることです。私はもしかすると認知症の因子を受け継いでおり、数年先に発症するかもしれません。私は、認知症と物忘れの違いを知りたくて、母の認知症がどこからきたのか本を調べてみました。

物忘れは高齢者の訴え、症状の中で頻度の高いものの1つであるばかりでなく、本人にとって気になる症状の中ではおそらく群を抜いて1位でしょう。物忘れがみられる場合、それが生理的（正常範囲）か病的かを見極め判断することが大切ですが、実際は身体的な症状とは違って容易ではありません。精神・神経疾患の多くは血液検査や画像検査などがあまり役に立たず（確定診断が容易でない）、病歴や臨床所見から他の疾患を除外して診断にいたります。

痴呆症はその中でも頻度が最も高く、また、高齢者では最も重要なものです。「アルツハイマー型認知症」と「脳血管性認知症」の2つが痴呆症全体の8割を占めますが、その他パーキンソン病や脳腫瘍にともなう痴呆、アルコール中毒やビタミンB_{12}欠乏にともなう痴呆など、多数の原因疾患があります。

（『図解・症状からみる老いと病気とからだ』高橋龍太郎著、中央法規）

脳血管性痴呆

一方、当たり前かもしれませんが、脳血管性痴呆は脳血管障害の特徴をもっています。痴呆が脳血管障害の発作後に現れたか、傷害された脳の部位に対応する片麻痺、感覚障害、失調、嚥下障害などの局所神経症状（巣症状）をもっているか、X線CT検査などで古い脳血管障害の病巣がみられる痴呆だからといって脳血管性痴呆とは限らない点は注意が必要です。

『図解・症状からみる老いと病気とからだ』P. 28

結局、大変な思いでさまざまな検査をしても、病気ですと言われるだけで、原因はそれほどはっきりしていないのだと思いました。

母は実家の両親と跡継ぎの弟以外、兄弟や親戚を忘れました。まだ移乗ができたころ、仲の良かった妹が来訪したのに、帰る間際まで誰だか知らずに話していました。自分の3人の息子にしても、末息子以外の2人の息子を認識せず、すべて弟の名前で呼んでいました。2004年の夏には、母はベッドから出られない生活でめりはりがつかず、脳梗塞の後遺症から口の中も不自由で、何よりも元来の昼夜逆転生活の傾向に拍車がかかり、昼間はボ~ッとし、言葉を忘れたように黙っているか、短い言葉で勝手なことを聞くくらいで、まったく通常の会話ができませんでした。

しかし、自分の思いこみから質問したことを否定されると、常人の2~3倍のパワーで、はっきりした言葉を使い、いい返し、さらに否定されると、不承不承納得しても、すぐまた最初と同じ調子でもとへ戻るので、相手をする方は、ついつい繰り返し答えてしまい、答えながら、だんだん馬鹿にされているような気がして、最後には怒りに発展しました。

母「今日お祭り行くの～？」
息子「お祭り？そんなものどこでもやっていないよ！」
母「さっきお囃子《はやし》聞こえたわよ！」
息子「今日は、お祭りなんかやっていないんだよ！」
母「あらそうお？　お祭りじゃなかったの…今日お祭り行くの～？」
息子「………」
母「今日お祭り行くの～？」
息子「さっきから何言ってんだよ！　まったく！」
母「さっきお囃子なってたじゃあないの！　聞こえたわよ！」
息子「………」
母「今日お祭り行くの～？」
息子「あのさあ、………」

話の内容がお祭りならよいのですが、経済的なことや病気のことになると、答えるほうはいい加減に返事ができず、真剣に怒ってしまいました。私もまともに受け取って訂正し、ついつい怒っていました。私の知らない間に、日常の些細なことで嵐を巻き起こし、おかしな雲行きのまま兄弟が帰ってしまうと、その後母の体調が悪くなり、食事が思うようにできず、深夜に「家に帰る〜」と連呼して寝ないので、夜の相手をする私は、昼間誰かが母を怒ったことがわかりました。

前ページのように、会話を文章にすると受け答えをする息子が、母に突飛なことを言われ、言われたことだけに返事をする「柔軟性の欠如」と、正すことばかりに躍起《やっき》になるおかしさを感じます。

老人性でも病的でも認知症の場合、とんちんかんなことを聞かれたら、「そうよ〜　お祭りきれいだったわよ〜」と肯定し、「嘘《うそ》」だとしても相手が「気に入る答えかた」をする方が良いそうですが、私を含めた兄弟たちは、嘘をつけませんでした。

今になって考えると、嘘をつかず「お祭り？　見なかったわよ。お母さん行きたいの？　車いすに座れないから残念ね！」と、答えをひねれば、違うことを母が話し、思い込んでいることや、別の言葉が出たように思え残念です。まず「そうなの？」と、言葉を引き取れば、双方が納得する答えに行き着いたでしょう。「言い聞かそう」と子が思えば、親は「自分の弱い立場」を十分知っており、自分の親としての立場を固持しようと、激しく言いはり、頑《かたく》なになる…。認知症の母の、頑固にひるがえらない言葉の裏には、母の思いが隠れていたのでしょう。それを上手に聞きだし、母が安心する答えをしない限り、いつまでも同じことを聞いたのだと、今なら素直に思えます。母がアルツハイマーと診断され、親子げんかをせず、在宅で平穏な日々を送れたのは最後の40日間でした。

私は、待ちに待った認知症の診断を受けたとき、「母のアルツハイマーを悲観せず、母が良い返事をしても、それが本当に母に快いことなのか？いやだといった場合、本当に悪いことなのか？　母にとって常になにが心地よいのかを、母のようすを見ながら介護をする人間が判断し、母に不利益が起きないように、気をつける必要があるだけです」と、兄弟とヘルパーさんに話しました。

最近「アルツハイマーが」過去を失い、現在のことでも消しゴムで消していくように失うことが報道され、実は、60歳を目前にした私はおびえていました。２００５年9月21日、文京区の東大前にある文京学院大学本郷キャンパス「仁愛ホール」での、日野原先生の特別講演「輝いて生きるための生き方の選択」を受講し、私の認知症への恐怖が消えました。

認知症の回避

日野原先生は、「認知できない人を、認知症と呼ぶのはいかがかと思いますが、決まってしまったことだから仕方ありません」と、話されてから「認知症だからなにもわからないと思ったら大間違いです。嬉しければ喜ぶし、いやなことをされればいやで、感情がなくなるわけではありません。認知症にならないためには、まずよく本を読み頭を使い、自ら選び取り、創りだした環境で、前向きに生き、自分でできる用心の限りをつくして怪我や病気をしないことです」という内容のことを話してくださいました。

私は20代後半に重い腎臓障害をもち、養生を続けたおかげか、43歳で諦《あきら》めていた出産をしました。母を送り、義母と暮らす生活の中で、義母の認知症も心配ですが、自分の発病を恐れていました。

しかし、例えアルツハイマーを受け継いでいても、日野原先生をお手本とし、本を読み、わからないことはとことん調べ、一冊でも多く、世の中の役に立つ本を書き、食養生を心がけ、病気や怪我で寝込まないように注意をすれば、１００歳まで絵を描き続けられる…と、希望が持てました。

2章

「要介護5」でも在宅介護で暮らそう

介護者だけが頑張らない
夜間・早朝、週末にこそ社会の手を…
介護者が体と心を休められれば
安全安心の生活が保てる

介護保険に手をあげる

２００４年３月１日、再度脳梗塞を発症。右半身不随、寝たままで身じろぎできず、移乗・立位・食事が自分ではできない。家庭介護の限界なのか？　夫や弟に助けられても、良い状態で介護ができなくなりました。

施設入所を視野に入れ「迷惑をかけないから、あなた１人で介護して」という母の願いを最大限にかなえる介護は何か…。到達したのは介護保険に手をあげること。今さらというか、遅すぎるというか、やっと決意。

「申し込んでもいいわよね…」と、自分の状態を受け入れられず、すでに自ら手続きをできない母に代わり、申請作業の開始。介護支援を依頼するために、家庭医に介護保険の主治医をお願いしました。「私は、高齢者の無為な延命をする気はありません。もしものときに点滴をしません。それでも良いのですね！」と、念を押されました。主治医に、電動ベッドの導入を相談したところ、褥瘡予防のエアーマットの手配を指示されたので友人の福祉機器デザイナーに連絡し、母に必要なベッドと、エアーマットの選定をお願いし、リース会社に申し込みました。

母に必要な介護用ベッド

①身体介助をしやすい高さにできること。
②半身を起こす機能(ギャッチアップ)が必要。
③ベッドの機能でお腹を折らずに座れること。
④小柄な母の身長に合わせる→通常のベッドより20㎝短いショートタイプを選定する。
⑤１日中暮らすので、暖かな素材感がある。
＊母の場合は自分で動けないので、ギャッチアップのときに、腰椎を痛める危険があり、ベッドの機能で骨盤の位置が確保され、保護される必要がありました。

居宅介護支援事業者

ケアプランの作成業者。要介護認定の申請の代行や、介護サービス計画の作成を依頼するときの窓口となります。
文京区には、ホームページで検索をすると、2005年現在、居宅介護支援事業者は268件あり、サービス事業者は272件ありました。
ほとんどの居宅介護支援事業者に、サービス事業者が併設されているようです。

目も離せない2〜3日の急性期が過ぎてから、区役所で手続きをし居宅介護支援事業者の一欄表を受け取り、帰路、家から一番近い居宅介護支援事業者に立ち寄り、要介護度の認定を受ける手配と、ケアマネさんの派遣をお願いしました。3時間ほどの外出に「母は家で、1人寂しく死んでいるのじゃないか?」「これでは、母に間に合わないかしら?」「もっと早く手続きをすればよかった!」など、考えても仕方ないことが、次々と脳裏に浮かび気が気ではなく、帰宅し、母の顔を見るまで心が苛《さいな》まれ、心臓がのどから飛び出すほどドキドキしていました。私は勉強不足で、介護保険の内容を知りませんでしたが、ありがたいことに認定前に、医師の指示で、母に合ったベッドとマットの選定ができました。しかし介護保険の申請をし、ケアマネさんと連絡がつくまで、業者は手配ができず、導入に発症後1週間以上かかり、心配していた褥瘡ができました。

実は、脳梗塞の発症直後は移乗ができ、クッションなどで補助をすれば座れた母が、ベッドが硬く、オムツ交換の時に不用意に動いたことから、どこを痛めたのか腰を曲げられず、ベッドからの移乗もできず、まるで動けなくなりました。私は困り果てて兄弟に頼み、寝たままの母を3人で、

母が使ったベッドとエアーマット

①ベッドは、天然木を使用したエルハーモニーシリーズ/3モーターベッド/ショート
②マットは、モルテンアドバン/ショートエアーマットレスの最高クラスの除圧機能蒸れ対策機能を装備。カバーは透湿で防水(買い取りの、純正の防水シーツが良質)。
＊以上をランダルコーポレーションの「安心のおせわーく」でレンタルしていました。
(株)ランダルコーポレーション
TEL 048-475-3662　以下がURLです。
http://www.lundal.info/

母に必要な褥瘡予防のエアーマット

寝返りが打てない母には、体圧分散機能のあるエアーマットが必要でした。
①高度な除圧機能があること。
②蒸れ防止機能があること。
③ベッドに合わせたショートタイプ。

褥瘡予防

医師の管理の下、栄養をきちんととり、清拭をし、除圧機能のある寝具を使い、ギャッチアップで身体を起こすときに、ズレを起こさない介助環境にする。

そろりそろりと動かし、母が寝られるように設定したソファーに、仰向けに寝かせました。母の闘病用に、1日座っていられるように改造したソファーは、リクライニング機能でフラットになり、そのまま寝られました。寝たままでも姿勢や骨の位置に気をつければ、ハンドルで、手加減しながら静かに起こせましたから、ベッドが導入されるまでの間、なんとか人間的に過ごせるつもりでいました。しかし背を起こそうとすると痛がり、結局寝たきりになりました。

訪問医療の利用

母は60代で、肋骨の骨折から円背になり、以前撮ったレントゲン写真では、腰椎が圧迫骨折したような状態でしたから、へたに動かして、新たな骨折をすると困るので、寝たきりのままベッドの導入を待ちました。それまでの1年半、私は毎日オムツ交換をしてきたので、幸いなことに体を動かさなくても、なんとかソファーの上でオムツの交換をし、清潔が保てました。また、主治医の手配で、接骨医が往診するようになり、「在宅介護で、できる限り治療を受けたい」という、母の希望もかないました。

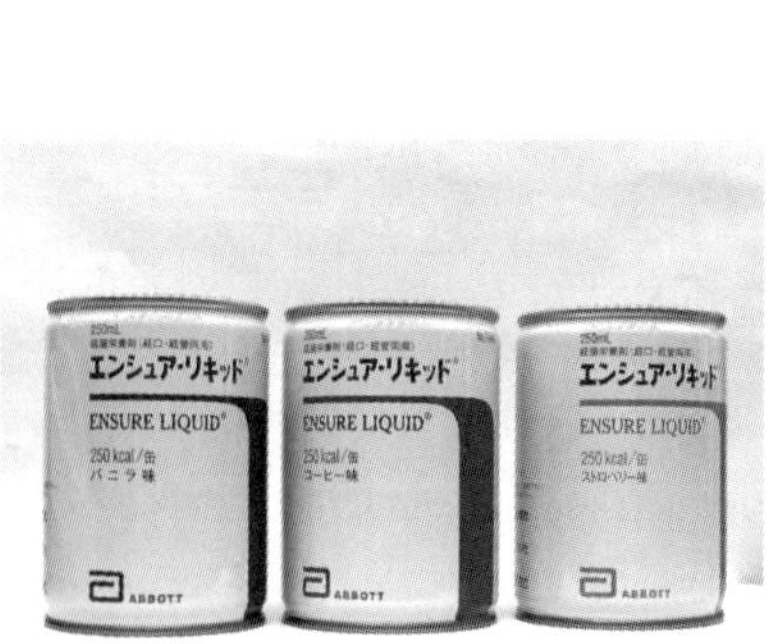

エンシュア・リキッド
左からバニラ、コーヒー、ストロベリー。
香料の違いで成分の違いはありません。

食事はそれまでの半量以下で栄養がとれず、ホームページで知った経腸栄養剤（経口・経管両用）、「エンシュア・リキッド」の処方を主治医にお願いしました。寝たきりでは水分が入りにくく、ゼライスパウダーを振り入れ、冷蔵庫で冷やしてゼリーにし、1日2缶分（500ml、500キロカロリー）を食べてもらい、栄養不足を補いました。

エアーマットと、電動で背側と足側が上がり、高さが変えられるベッドが導入されるまでに、埃《ほこり》を最小限に抑えながら、今までのベッドを運びだし、母の居室を掃除しました。

福祉機器の使い方

ベッドの到着日、接骨医がボランティアを集め、母をソファーからベッドに移し、エアーマットによる体位変換で、着替えができることを教えてくださいました。それまでは横向きにできなかったので、褥瘡を放置していましたが、主治医に往診していただき、やっと治療ができました。

午後からは友人の福祉機器デザイナーが、理学療法士さんと来訪されたので、電動ベッドと、エアーマットの使用法を習いました。そのころには

エンシュア・リキッドの効能

1缶250ml/250kcal。他の濃厚流動食と異なり亜鉛を含んでいるため、褥瘡の予防・治療に有効。高熱や、意識障害、ひどい脱水症状、また腎臓病のある人は慎重に用い、糖尿病を合併している人は、高血糖に注意します。
一般的には、手術後の患者の栄養保持用として、また長期間、口から食事がとれない場合の経管栄養補給に使用しますが、加齢による嚥下障害者に対しては経口用に処方されます。バニラ味、コーヒー味、ストロベリー味があります。本文中にはエンシュアと書きました。

エンシュア・リキッド（処方上の注意）

<注意>牛乳にアレルギーのある人は服用または使用しないでください。使用前によくふり混ぜてください。<加温する場合の注意>未開缶、微温湯で30～40℃に温めます。直火で、加温をしてはいけません。<保存上の注意>開封後は密閉し、冷蔵庫内に保存の上48時間以内に使用し凍らせてはいけません。<副作用>下痢・腹痛・発疹が現れることがあります。
■服用中に、気になる症状が現れた場合には、医師、または薬剤師にご相談ください。
以上は、調剤薬局の注意書きよりの抜粋。

痛めた腰が少し動かせるようになり、足側を上げて膝が軽く曲がる状態にしてから背側を上げると、30度まで上げられることがわかりました。しかしまだ痛がるので、毎日の接骨医の訪問治療のようすで、落ちつけば就寝以外は30度まで上げて過ごせることになりました。理学療法士さんから、飲食時の誤嚥の予防ができる姿勢を習い、とてもホッとしました。

福祉機器に馴染む

市井には、ある日突然始まる「高齢な重度障害者の在宅介護」に必要な福祉機器の情報を得る場所がありません。対象者にはケアマネさんが、レンタル用のカタログを持参してくれますが、母のように認知症で、他人に自分の状態を説明できない場合、どのような機器で、本人の運動能力を落とさず、人間らしく暮らせるのかわかる手引きはありませんでした。何より困ったのは、納品された電動ベッドと、エアーマットを適切に使う方法が、メーカーの使用説明書にないことでした。

自力で起きられない母を、ベッドでどのように起こせば安全か、「円背の母に楽な就寝状態は？」など、母にとって都合の良い使用法は、メーカーが説明すべきだと思いますが、現実にはありませんでした。

　わが家の場合、導入したベッドのデザイナーが、上の兄の親友で、私を娘時代から友人扱いしてくれていたので、母の闘病に必要な福祉機器についてよき相談相手になり、ベッドの到着日には母に合わせた使用法の指導に、ベッドや、車いすなどの開発時に協力を求める、高名な理学療法士さんと来訪してくださったのです。兄も、工業デザイナーとして数十年前、人工透析に使う「トンボ針」と呼ばれる注射針をデザインし、医療や福祉機器のデザインをしています。医療関係で不明なことは、この2人に問い合わせると、専門的なアドバイスや、探し方などを教えてもらえます。しかし一般的に福祉機器は、カタログや福祉機器展以外に現品を見られず、使用者の選択肢が少なく、商品としての公正さに欠ける気がしました。

　私は、物を作る人間として学習してきたので、使う側の意見を作り手側に伝え、改良してもらいたいという思いが強く、母を介護しながら毎日のように「あれがほしい」「これをこうしたら被介護者が楽になるかもしれない」と考え、ホームページを構築し、発信するようになりました。それは結構生き甲斐でした。母を亡くしてからは、介護生活のなかで不自由だったことなどを整理して、改めて発信していこうと考えています。

専門の知識がほしい

子どもの頃、手当というのは「手を当てて痛みを和らげることだ」と、家庭医に教わりました。活発な弟が「はらっぱ野球」で、怪我をして帰るたびに手当をしていた私は、その言葉は本当だなあと思っていました。

私は母の心臓が苦しいときは、顔色を見ながら胸や背中をさすって過ごしました。ベッドを導入した日、友人が手配した理学療法士さんに、ベッドとマットの使用法を習いました。しかしその日は、それを習うだけで精一杯でした。実際にベッドでの生活が始まってから、呼吸が荒いときは、こんな姿勢にすると楽だとか、ベッドの背を上げたほうが良い場合、下げたほうが良い場合、また、その時間なども習いたいと思いました。まめに手当てをしていれば、介護予防にも繋がるでしょうし、重度者でも不必要に苦しまずに済むような気がします。

在宅介護者はほとんどの場合、専門的な知識を持たずに不安を抱え、24時間緊張状態です。毎日必死に身内の介護をすることで、専門職が驚く工夫もしますが、それは家族の「知恵」であり、医学的な見地からの発想ではないので自信をもてず、医学的に的確なアドバイスがほしいのです。

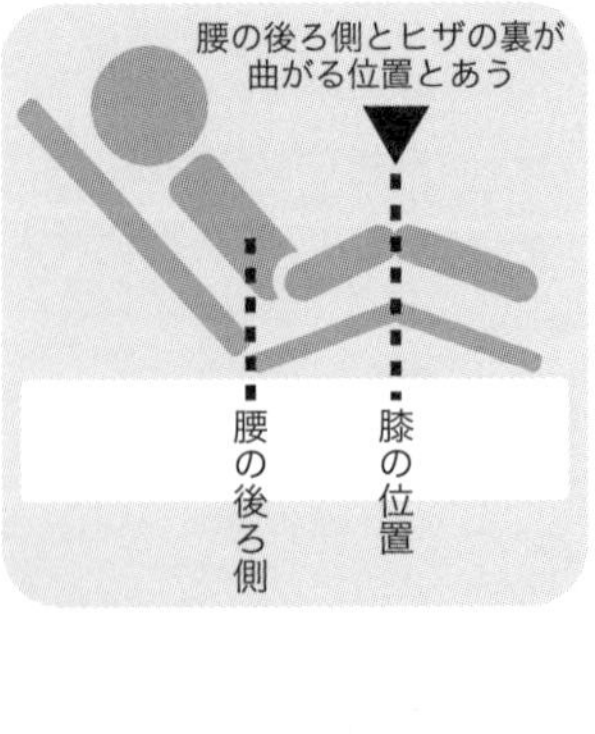

身体に合ったベッドや、いすを探すポイント

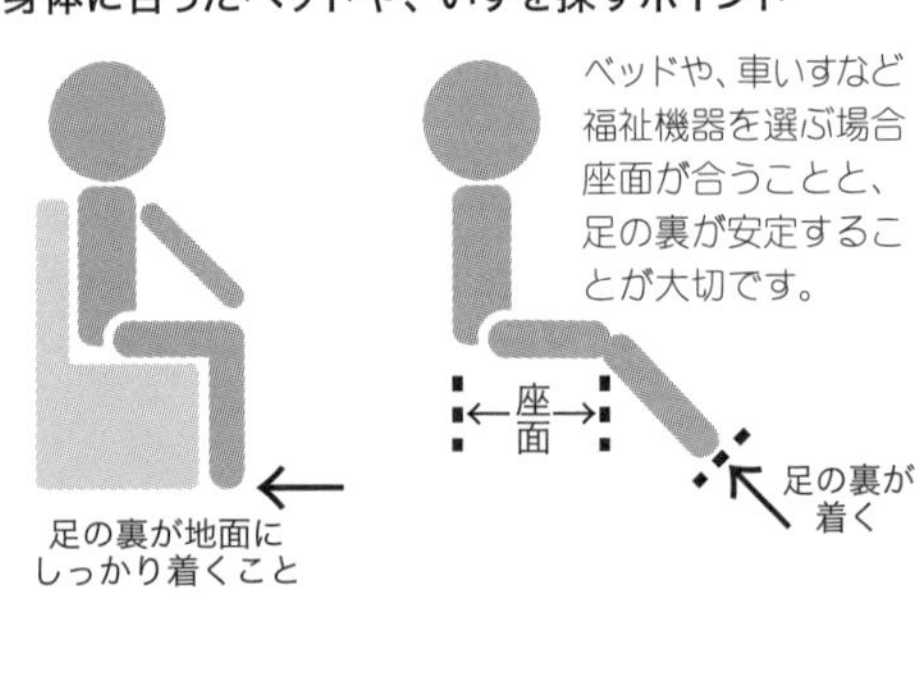

ベッドや、車いすなど
福祉機器を選ぶ場合
座面が合うことと、
足の裏が安定するこ
とが大切です。

円背の母が、楽に寝られるベッドの調整法

　母は血圧が低く、遠視で乱視の老眼、片頭痛持ちでめまいを起こしやすい体質でしたが、頑張りやで寝込むことはありませんでした。

　肋骨の骨折から円背になり、寝つきにくく、頭痛の頻度が上がったようでした。身の回りのことが自分でできたころは、枕の中身を増減し、こまめに寝る姿勢を調整していました。

　母が歩行困難になってからは、ベッドかソファーに長時間生活するので、円背者用の製品を探しましたが見つけられず、長兄に相談し、ウレタンで体に合わせ、クッションや座布団などで調整をし、居心地良くしていました。

　寝たきりになってからは枕の高さが難しく３種類用意し、母のようすをよく観察して、首や肩を痛めないように本人に確認もしながら変えました。

　下図は、電動ベッドにエアーマットをセットし、円背者の母に合わせた場合の基本的な姿勢と、エアーマットの調整の仕方です。

●母の睡眠時の基本姿勢

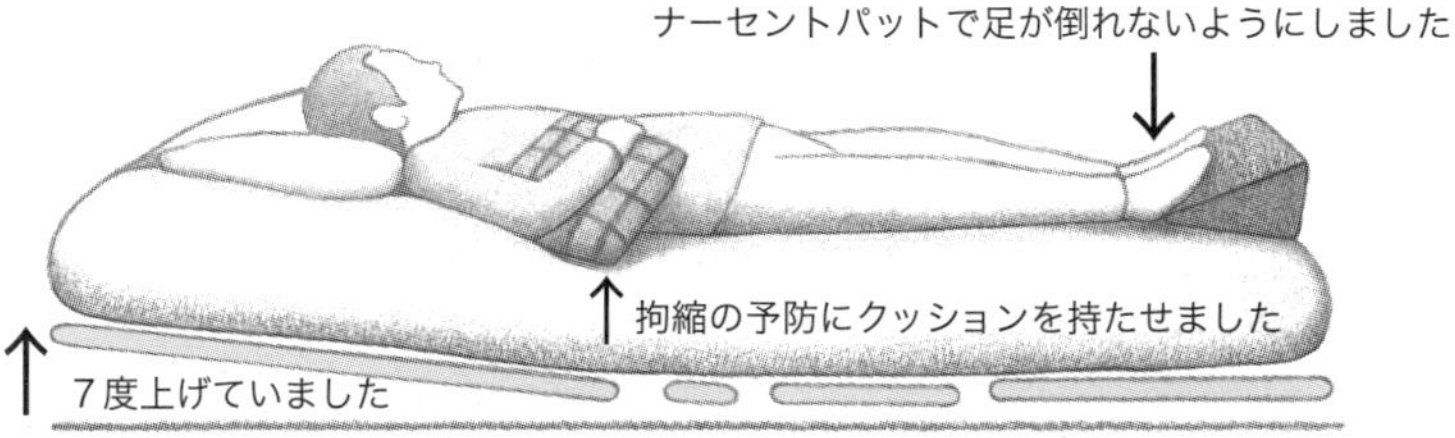
ナーセントパットで足が倒れないようにしました
拘縮の予防にクッションを持たせました
７度上げていました

円背の母が辛くないベッドの角度
ベッドの頭側を常に7度上げておくことで、頭ががくっと落ちる感じがなくなり、母は寝やすくなったようでした。母が入院したとき、試しに寝てみましたが、私にも寝やすい角度で、頭が上がっているようには感じませんでした。

姿勢を保持しやすかったエアーマット
母は、自分で姿勢を整えられないので、何かの弾みや引力で姿勢が変わると、苦しくてもそのままですが、エアーマットは、姿勢の保持がしやすいようでした。

エアーマットの空気圧の調整
ベッドが定位置の時は、ソフト（超低圧）。
背上げ（ギャッチアップ）をするときには、空気圧を標準（低圧）に切り替え、圧力が調整される２分間、待ってから始めました。
背上げをしている間は標準（低圧）。
＊エアーマットは常に空気の量が調整され体圧が一点にかからないように分散し、褥瘡ができないように設計されていますが、足の位置や、クッションとの兼ね合いなどを慎重に調整し、褥瘡を作らないように気をつける必要がありました。

ベッドで身体を起こす順番・1

背上げ(ギャッチアップ)は、ベッドの足側を上げてから頭側を上げます。

エアーマットのポンプの圧力を標準(低圧)に切り替えると、2分後に空気量の調整が終了しますから、ベッドの昇降ボタンを押します。ずり落ち防止のために、まず足側を2〜3回に分けて上がるところまで上げ、腰の位置とベッドの折れ曲がる位置をよく確認してから、頭側を7度くらいずつ上げ、必要な高さにすると、足の方は背上げの角度に応じ連動して低くなります。

① 母の姿勢を整えて腕からクッションを外し、ナーセントパットを60度にします

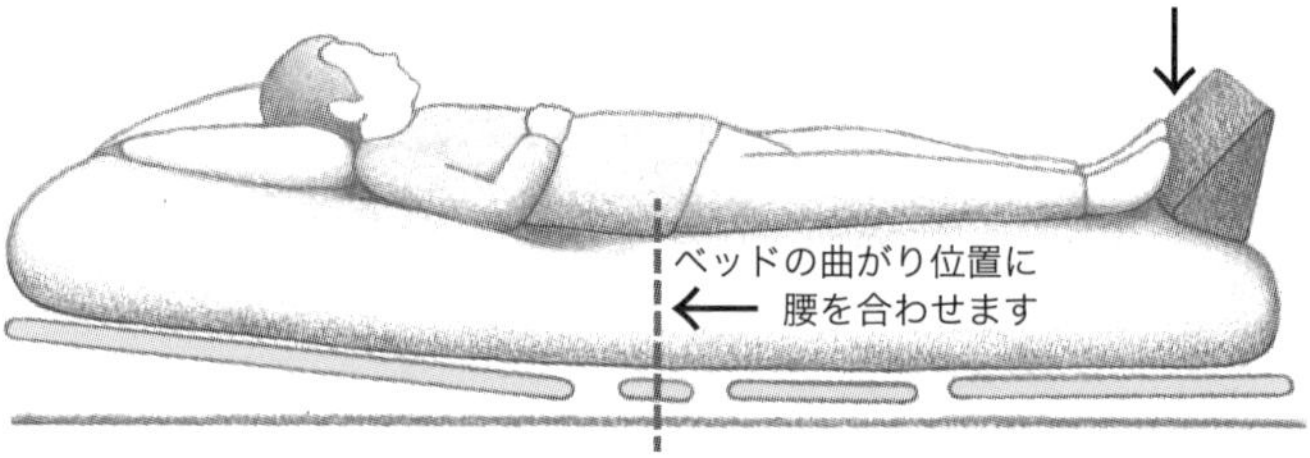
ベッドの曲がり位置に
腰を合わせます

② 足上げボタンを2〜3回に分けて押し、足側を上がりきるまで上げたら

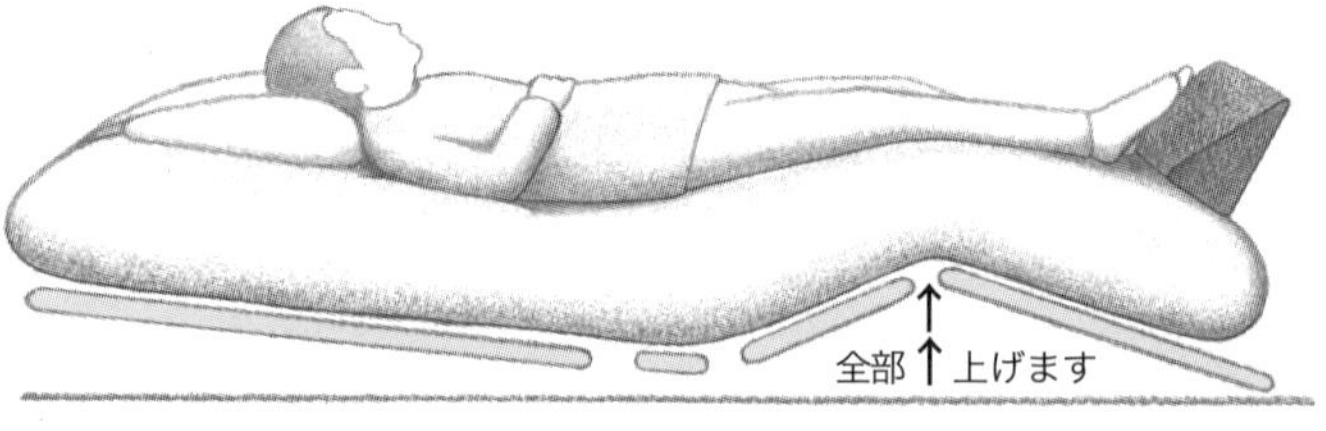
全部
上げます

③ 頭上げボタンを少しずつ押し、母の調子が悪くても背中を20度まで上げました

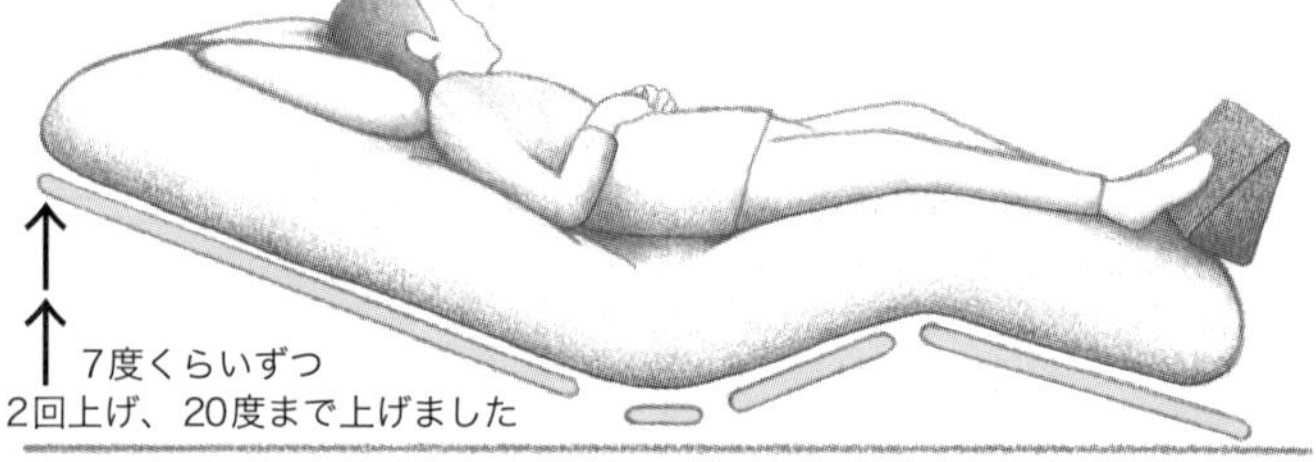
7度くらいずつ
2回上げ、20度まで上げました

次ページへ続く

ベッドで身体を起こす順番・2

母はたいがい、40度くらいでまで頭を上げていました。調子の悪いときには30度まで上げられず20度くらいのときも多かったのですが、寝る形と起きる形を分けて、飲食はできる限り30度以上は起こすように気をつけ、誤嚥予防をしました。普通は、30度、45度、60度と起こすそうですが、60度まで起こすことができたのは希でした。朝、オムツ交換後に、その日起きられる角度にまで頭を上げ、拘縮予防にクッションを持たせ、健常側の肘や膝の下にもようすを見ながらクッションを挟み、姿勢を整えました。

フットボードと足の裏の隙間にナーセントパットを収め、足が台地に着いている感覚を持たせました。左足の運動機能が落ちてからは、両足のかかとが触れ合わないように、かかとの間にタオルを挟み褥瘡に気をつけました。

④ 姿勢に無理がないか、足下や左右から見て顔色を見ながら背中に手を入れてベッドの中心に身体が収まるように整えてから

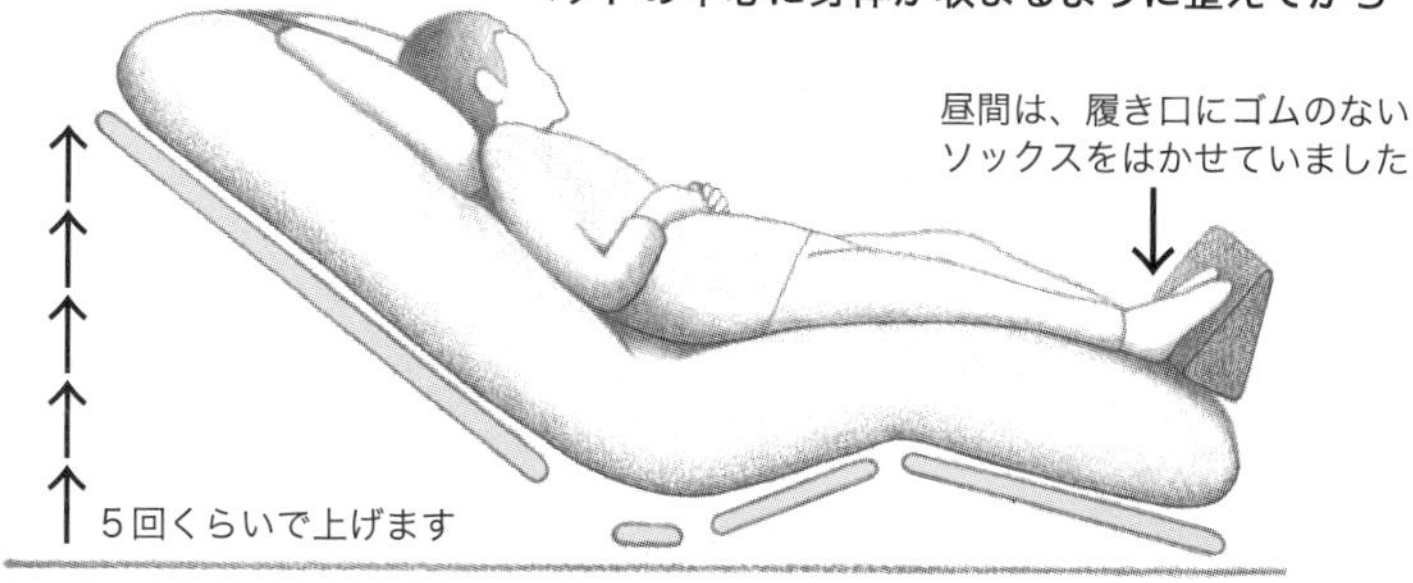
昼間は、履き口にゴムのないソックスをはかせていました
5回くらいで上げます

⑤ 腕や肘にクッションを挟み込むと、身体が正面を向いてリラックスできます

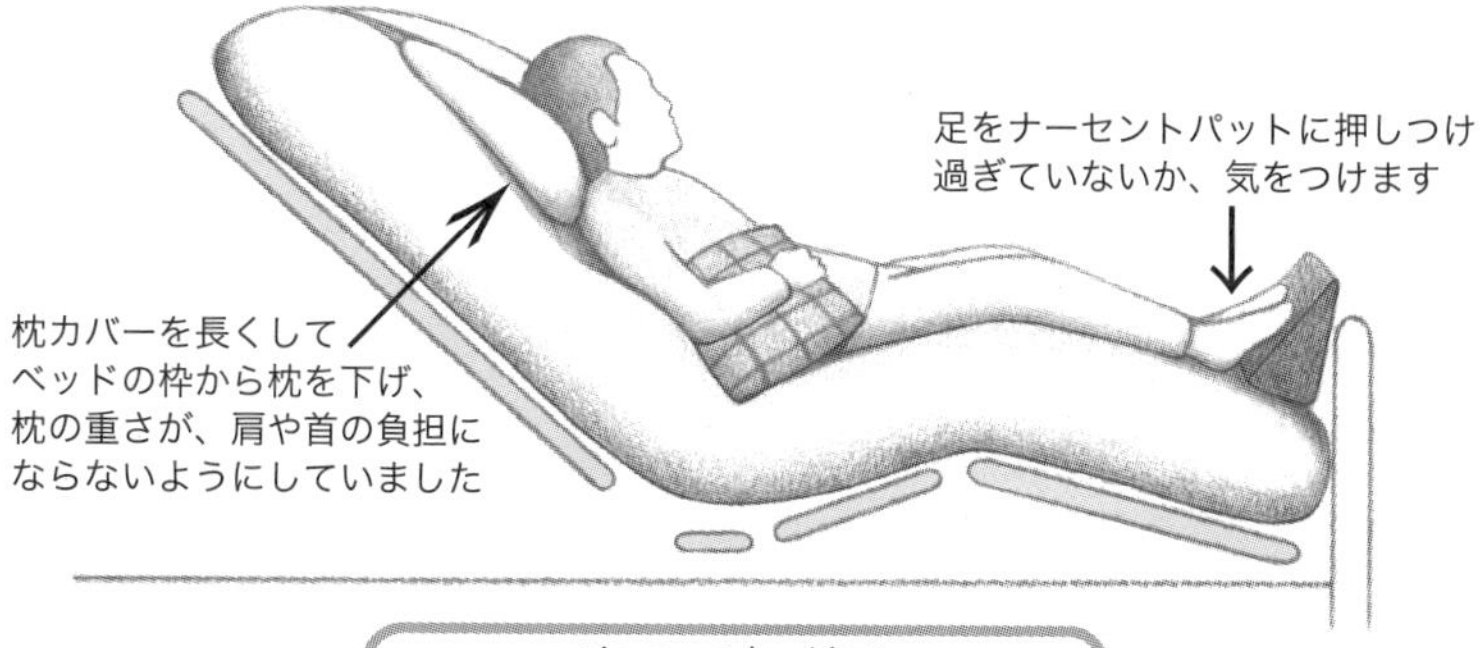
足をナーセントパットに押しつけ過ぎていないか、気をつけます
枕カバーを長くしてベッドの枠から枕を下げ、枕の重さが、肩や首の負担にならないようにしていました

次ページへ続く

クッションを使い座位を保つ

オムツ交換や食事介助などがありますから、間のおよそ2～3時間を同じ姿勢で過ごします。ベッドの機能で体を起こしたとき、ソファーに座っているような姿勢にし、ゆったりできるように整えていました。

右の腕が麻痺していたので、どうしても抱え込みますから、毎日マッサージをして肘を伸ばすようにし、指もさすって伸ばしクッションを掴んでもらい、拘縮が進まないようにしました。

⑥手の拘縮を進めず、居心地よく座れるようにクッションを肘に挟み込みます

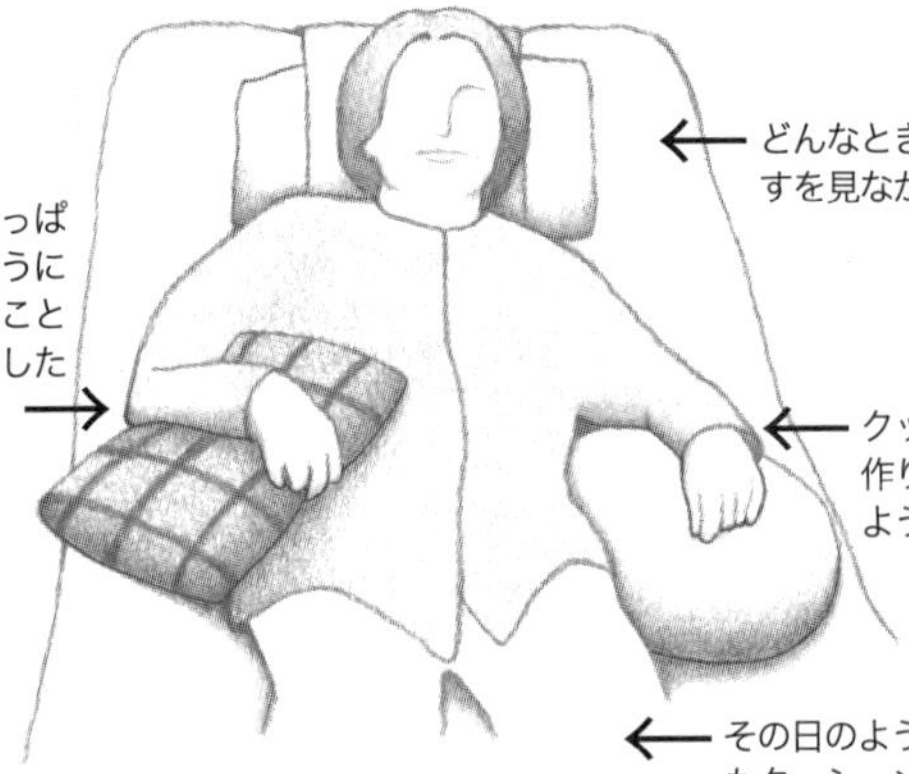

拘縮で肘が曲がりっぱなしにならないように体の外に肘を出すことに気をつけていました

どんなときにも、顔色でようすを見ながら介護しました

クッションで肘かけを作り、肘が下がらないようにしました

その日のようすで、右膝の下にもクッションを入れました

⑦横から見たところ。本人のようすをよく見てくつろげるようにしていました

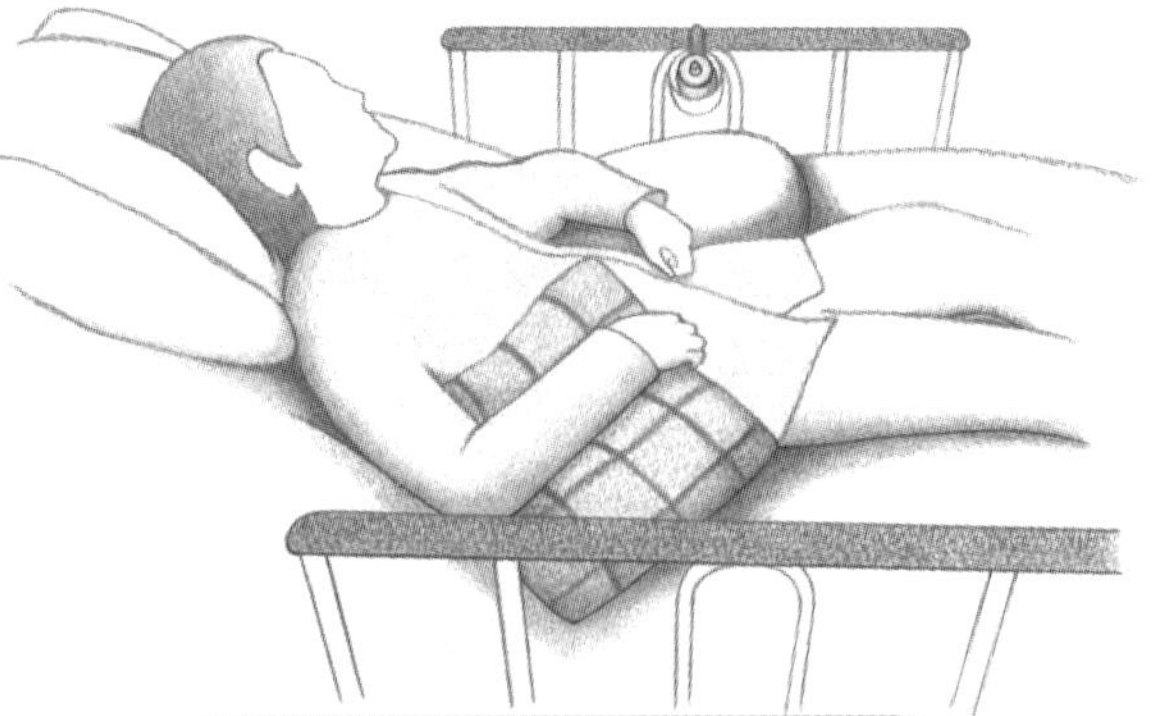

次ページへ続く

安全で食べやすい姿勢

飲食時には、あごを引いた形で飲み物や食事が口に入るようにしました。円背のせいかすぐ疲れてしまい、クッションを時々外して休ませました。

クッションを挟むと調子が悪くなって困ったときに、日本摂食・嚥下リハビリテーション学会で、「顔を右に向けて飲食をすると誤嚥予防になる」と、発表されたと聞き、右側に顔を向けるようにしていました。

しかし、母の場合は右側の麻痺でしたから、左側へ向くほうが姿勢をとりやすく、最後の7日間には左側からの介助にしたところ上手に飲みこめました。母は無理にクッションで形にするより、首をひねった方が、のけぞらないで食べられたのかもしれません。

注）このコラムを書くにあたり、下記学会事務局に問い合わせたところ、左右どちらに顔を向けるかは母の身体の状態によったことと、「むせなくても誤嚥している場合もあるので、飲食にはくれぐれも注意が必要です」と、ご指導をいただきました。

⑧食事や水分補給は、枕の上にクッションを重ねアゴを引く姿勢にしました

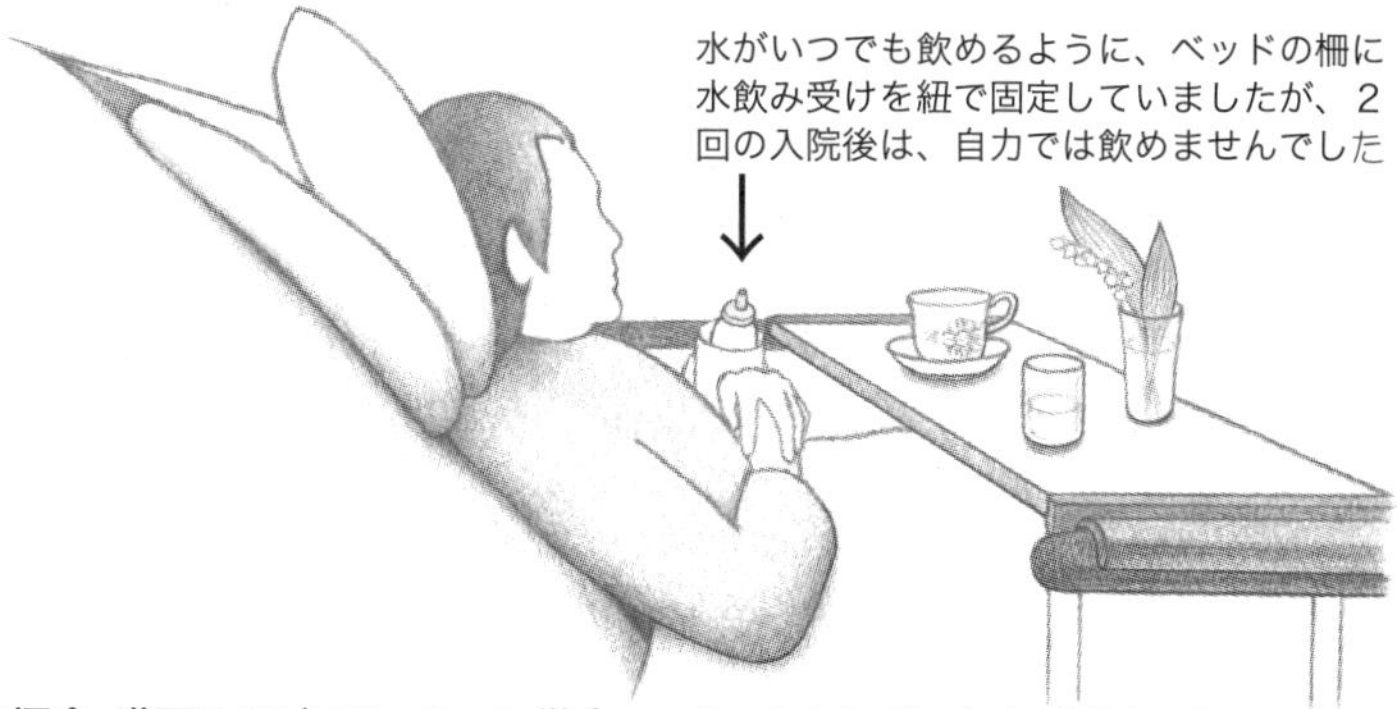
水がいつでも飲めるように、ベッドの柵に水飲み受けを紐で固定していましたが、2回の入院後は、自力では飲めませんでした

日本摂食・嚥下リハビリテーション学会

以下は同会のホームページより

本学会は、摂食・嚥下リハビリテーションに関わる多職種の人達が集まり、学際的にその対応を考えていくために、1996年9月に発足いたしました。初心者からベテランまで広く門戸を開き、この分野の研究、発展、普及に努めており、現在会員数も3,500名を数えるようになりました。

http://www.fujita-hu.ac.jp/~rehabmed/jsdr/

ナーセントパットA　2点セット

ナーセントパットは、床ずれがでやすい場所の除圧やズレを防止する体位変換器として販売され、介護保険のレンタル適用商品です。体位変換と、足を保持するために使用していました。私は3点セットを使っていましたが、今思うと、2点セットを2組使った方が便利だった気がします。現在はナーセントミニなどが増え、便利そうです。

http://www.nasent.net/goods/pat/pat.html

次ページへ続く

安全で食べやすい姿勢について

①～⑧までの姿勢について、理学療法士さんから習得できたことは、母にとっても私にとってもラッキーでした。理学療法士さんが、母の姿勢を変えながら、示唆される内容を必死にメモし、注意点を聞き漏らさないようにしました。その夜から、そう良い状態ではなかった母と向き合い練習し、ヘルパーさんが入るまでの２日間で、なんとか食事介助の要領を掴みました。

食事介助時の⑧の姿勢は、２度の入院で見かけなかったので不思議に思い調べると、食環境を大切にする先駆的な施設でのみ実施されていることを知りました。後に、退院時の栄養指導のときにいただいた、とろみ調整食品を使う嚥下食のしおりの食環境に、同様の図解がありました。

重度者の姿勢を変えるときには、かけ物をしていると全体の形が見極められませんから、室温を調整してかけ物を取り、枕や体の位置を手早く整え、起きている場合と就寝する場合など、その時の状況に合わせたかけ物をしました。母の場合は、昼間は綿毛布を腹部から足先までかけて、身体を冷やさないようにしていました。

⑧にする前の状態(⑤の、右腕のクッションを外し、同様のクッションを枕の間に入れる)

クッションで姿勢を整える
寝たきりの母は、自力では座れずに、健常側に倒れました。
クッションで保持すると、左手が自由になり、くつろげました。

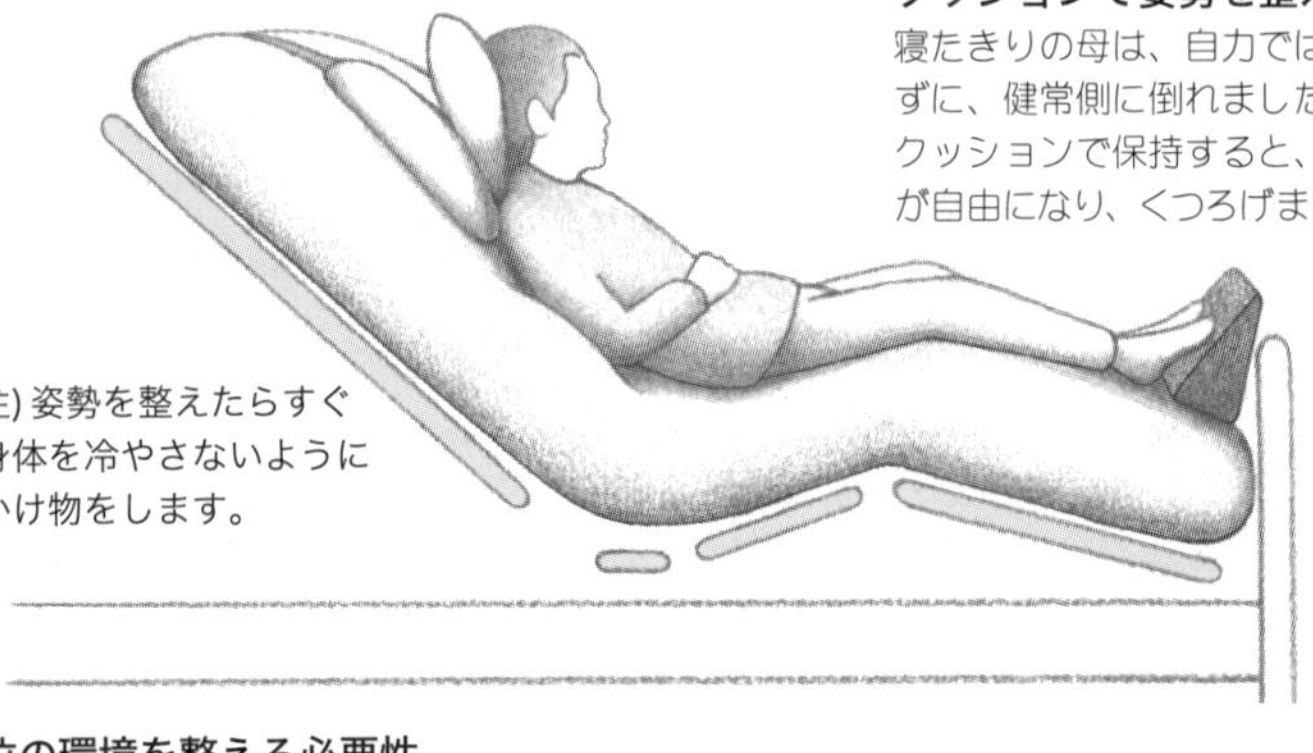

注) 姿勢を整えたらすぐ身体を冷やさないようにかけ物をします。

座位の環境を整える必要性
寝たきりの母をベッドの機能で起こすと、表情が和みました。クッションで補助をし、ゆったり座れるとリラックスした表情が現れました。
個人差がありますから、この姿勢について参考にされる場合は、言語聴覚士、理学療法士、作業療法士、医師、訪問看護師など、食環境に熱心な指導者に、ご相談ください。

介護申請と介護サービスの開始時期

介護保険の申請をし、介護認定の手続きをとる場合、調査員が面談をしてから認定されるまで、通常1ヵ月近くかかるそうです。それから介護サービスが始まるのでは遅いので、主治医の判断を踏まえて、ケアマネさんが仮のケアプラン（母は「要介護4」で計算）を作成し、ベッドの導入が決まり、午前・午後1日2回各1時間半の、ヘルパーさんによる身体介助サービスが利用できるようになりました。

ベッドが導入されて、ボランティアをした事務局では自立の妨げになると聞いていたエアーマットが、円背者の母には都合が良いことがわかり、早く介護保険を利用してベッドを入れ替え、歩行練習をさせていたら楽だったと改めて思いました。事務局にいたことで、介護のプロの話を聞けたのは有意義でしたが、施設介護のノウハウが耳につき、1人きりで介護をする在宅介護との差異がわかりませんでした。まったく私の不勉強です。

福祉機器は、兄たちの仕事として理解していましたが、母が歩行困難な1年半の間、ベッドから車いすやソファーへの移乗が可能で、生活にめり

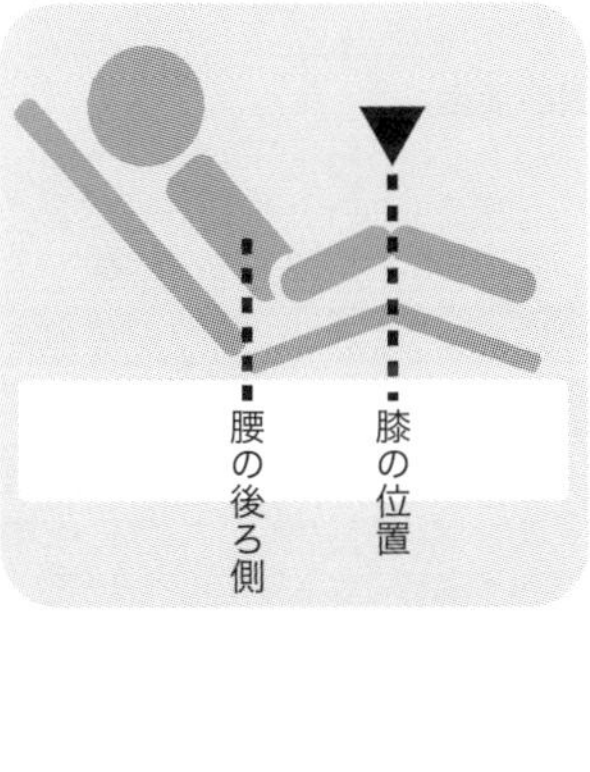

24時間ベッドで過ごす人のためのベッド

母のように24時間ベッドで過ごす場合は、座位がきちんととれるように、腰の後ろから膝裏までの座面の長さがベッドにあっていることが必要です。
身長200㎝と140㎝では、座面の長さに15㎝の差があるそうです。母の場合、ベッドの長さはショートにしましたが、座面の長さは気がつかきませんでした。幸運にもエアーマットが厚いので、丁度良い寸法になりました。

●ベッドの長さは、標準より20㎝長短した製品があり、巾も3段階あります。

はりがついていたので、取り立てて相談しなかったのです。

このように重度者の生活には、福祉機器を使うことで、QOLの向上が得られる状況が多々あるので、電動ベッドや車いす、シャワーいす、リフトなど、6畳間に置ける程度の機器が、身近に展示され、手で触れて確認できれば、「自立支援にも繋がる」と思います。

排泄用具関連について、いくつかの企業が手を結び、昨年、京都に入場無料の、排泄用具の情報館「むつき庵」が開設されました。

年1回、大がかりに開催される福祉機器展も参考になりますが、高齢者が在宅で自立する環境を取得する相談所として、「むつき庵」のような、福祉機器関連の常設場がほしいと思います。介護は個別性が高いことを隠《かく》れ蓑《みの》に情報が少なすぎます。

福祉関連企業に働いている皆さん、高齢者福祉は巨大市場です。しかしその市場は、あなたのお祖父様やお祖母様、そしてご両親がターゲットです。もしかすると、ご自身がその環境に突入しているかもしれませんね。福祉関連機器はカタログで販売すればよい商品ではなく、気軽に見たり、調べる場所が必要だと、お考えいただけませんか?

むつき庵の活動

- 今日販売されている排泄用具をできる限り多く紹介、推奨品の展示(販売も可能)。
- 排泄についての困り事・相談を受ける。助言と適切な情報の提供。
- 排泄について、ともに考え学びあう場を持ち、またその内容を発信。
- 排泄用具以外の暮らしを支える優れた道具を展示、紹介(販売も可能)。以上むつき庵ホームページより。以下のURLで発信中。

http://www.mutsukian.com/

むつき庵　TEL 075-803-1122

ヘルパーさんがやってきた

理学療法士さんから習得した「ベッドの扱い方」を、ヘルパーさんが入る日まで、母と2人で特訓すると、まだ背側を30度まで上げるのは無理そうなので、20度くらいまで上げ、日頃あまり考えずにしてきたことを、順序立てて考え直しながら実行してみました。食事から排泄行為までをベッド上だけでするのですから、衛生管理の方法などを含めた介護法を、私が確実に身につけなければ、ヘルパーさんにお願いできません。ヘルパーさんが入る日までに慣れようと思い、メモを見ながら母の姿勢の確認やクッションの扱い方などを考えました。

3月15日、優しく丁寧で、高齢者に慣れた礼儀も節度もあるIさんが、夕方5時～6時半まで入りました。Iさんの物腰に母は安心したらしく、食事も果物も全部食べられました。私は、それまで自分1人でしてきたことが、他者の手で滞《とどこお》りなく進むことに感動しました。

しかし、していただいてありがたい気持ちと、他者が家に入る感覚は、やはり相容れないとも思いました。また、ベッドの扱いなどを話し、介護ノートに書いても覚えないヘルパーさんもあり、ベッド管理についてポス

母の介助方法と、ベッドの使い方のポスター

●母のベッドの横に、A3のポスターを作って貼りました

母は、姓で呼ばないと良い返事をしませんでした。ヘルパーさんによっては、親近感を表すつもりか、「おばあちゃん！」と、声をかけたり、△子さんと呼んで母を不快にさせました。母は昔気質の人で、他者が孫でもないのに「おばあちゃん！」と、呼ぶことを嫌い、名前で呼びかけるのは「友人と身内だけ」と、はっきりした考えを持っていました。

不機嫌だと、きちんと飲食できずにむせやすくなり困りました。

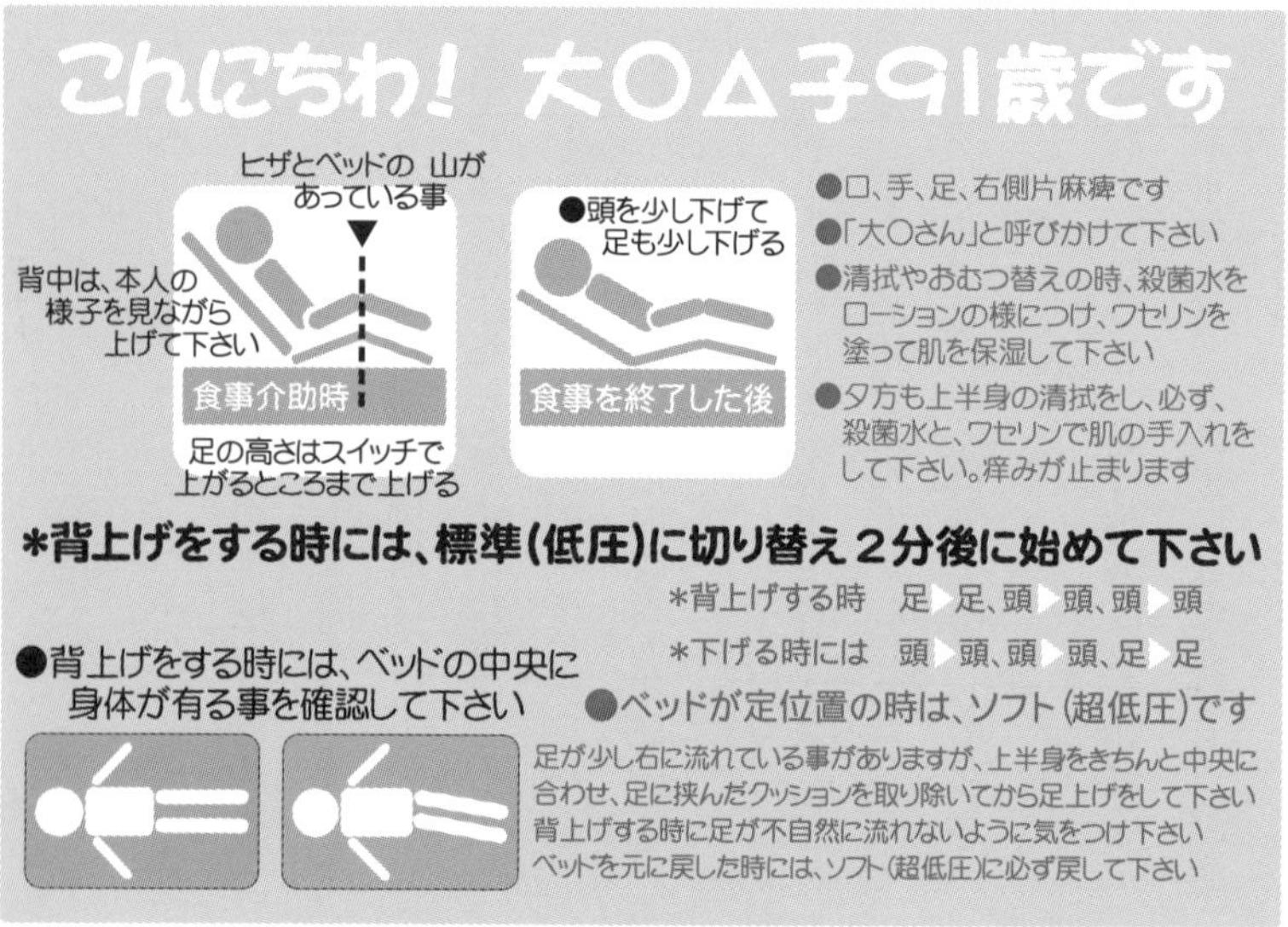
こんにちわ！ 大○△子91歳です
ヒザとベッドの 山が
あっている事
背中は、本人の
様子を見ながら
上げて下さい
食事介助時
足の高さはスイッチで
上がるところまで上げる
●頭を少し下げて
足も少し下げる
食事を終了した後
●口、手、足、右側片麻痺です
●「大○さん」と呼びかけて下さい
●清拭やおむつ替えの時、殺菌水をローションの様につけ、ワセリンを塗って肌を保湿して下さい
●夕方も上半身の清拭をし、必ず、殺菌水と、ワセリンで肌の手入れをして下さい。痒みが止まります
*背上げをする時には、標準(低圧)に切り替え２分後に始めて下さい
*背上げする時　足▶足、頭▶頭、頭▶頭
*下げる時には　頭▶頭、頭▶頭、足▶足
●背上げをする時には、ベッドの中央に
身体が有る事を確認して下さい
●ベッドが定位置の時は、ソフト(超低圧)です
足が少し右に流れている事がありますが、上半身をきちんと中央に合わせ、足に挟んだクッションを取り除いてから足上げをして下さい
背上げする時に足が不自然に流れないように気をつけ下さい
ベッドを元に戻した時には、ソフト(超低圧)に必ず戻して下さい

●ベッドは、足側から上げなければ姿勢が整わず、母の腰を痛めました

エアーマットの空気圧の切り替えをしてから、ベッドの足側のスイッチを押し、止まるまで２～３回に分けて、ゆっくり足を上げてから、頭側を４～５回に分けて、ゆっくり上げることを何回お願いしても、ポスターも見ず、忘れる人がいました。私が見ていないと頭側を上げ、ベッドからずり落ちてしまったところを足側を上げる人が居て、腰の曲がる角度がきつくなり痛めたこともありました。危険なので、ポスターをよく見てほしいと言っても、足側を上げなかったり、空気圧の切り替えを忘れる人もあり、困りました。

ターを作りました。ポスターには、聞かれるといつも母が困惑した年齢も書きました。名前が大書してあるので、ときどき見て確認していたらしくいつ誰に聞かれても答えられ、安心感を持ったようでした。たとえ認知症でも、年齢くらいは自分で答えてほしいという考えは、重度の母には虐《いじ》め行為に近かったのでしょう。晴れ晴れとした顔で「91歳！」と答える母は調子が良くなり、たまには自分の子どもの人数を数えられました。

ケアマネさんと、介護内容を検討する

要介護度の区分で、母の「要介護5」を調べると、「サービスの水準は夜間・早朝の巡回訪問介護」と明記されております。私は仕事柄、週末に環境教育のボランティアや会議、遠隔地での実験や研究がありました。それで、1日3回の身体介助を週末にほしかったのですが、心臓が悪く、やっと入れる訪問入浴を1ヵ月2回、水曜日の午前中に入れることで土日は夕方1回の身体介助になりました。

「これで点数はいっぱいです」と、ケアマネさんに主張されたときに、自分以外に、母を身体介助できる人手があることがありがたかった私は、

黙ってしまったのが悪かったと、今になって思います。それまで1人だけで身体介助をしていた私は、自分ができることは自分でしようと思い、休日や夜間・早朝の身体介助を、何の疑問も持たずに引き受けていました。

母を送った今、介護者が潰れないために、身体を休める夜間・早朝、週末に「安心できる時間」を、作るべきだったと思います。

要介護度の区分に書かれているように、最初から夜間・早朝の巡回サービスを要望し、日曜祭日の介護を含めたプランを相談すれば、もっとゆったりした在宅介護ができたでしょう。

初めてのケアプラン

ケアマネさんは、私の仕事時間を確保することを大切に考えて、ケアプランを作りました。30分の間に身体介助をし、身体が綺麗になったら食事介助です。母がヘルパーさんに慣れたら、私は1週間に5日、昼食以外自由なはずでした。

日曜は休業、土曜日には重度者の担当者がいないということで、他の事業所のヘルパーさんが入りましたが、それぞれ1週間に1回入るだけでは介助内容を覚えられないのか、壁に貼りだしたベッドの扱いを覚えてもらえませんでした。腰が悪い母は、ベッドの機能だけで身体を起こすので、背上げ角度を45度くらい上げるようになってから、3モーターベッドを正しく扱えないことが原因でトラブルが起きました。他のベッドが足を上げないのか、足側を先に上げないヘルパーさんが多く、ポスターを見て読みながら、逆のボタンを押す人もいました。

また、介助後の見た目は普通なのに、腰がベッドにはまり込み、腰を痛め、家族が知らずにいると2時間後には母の顔面が蒼白《そうはく》になり、水分すら受けつけなくなる原因不明の容態悪化に困りました。対処法がなく、その介助をしたヘルパーさんのときには同室してようすを見ました。

同室したときには起きず、同室者を置かない日に再度、同一状況になりました。その後は、背上げのころに同室すれば無事でした。母が入院したとき、ベッドに横たわり、いろいろと操作し、圧力の切り替えをソフトから標準にせず、頭側を45度まで上げ、足側を全部上げてから空気圧を標準に変えると、腰がはまり込むのかもしれないと思いました。

ある日などは私の外出中を知り、病院で足側を上げない介助に慣れてい

①3月から9月までの半年間のケアプラン

	月	火	水	木	金	土	日
午前10時～11時半	90分	90分	90分	90分	90分		
午後5時～6時半	90分	90分	90分	90分	90分	90分	90分

このプランでは、訪問看護師さんと、リハビリさんが訪問する点数は残りません

■1週間の身体介護回数12回、合計18時間　＊事業所のヘルパーさん15時間、他社3時間

たベテランのヘルパーさんが、母には良いことをしていると思いやってくれたのか、足側を上げずに、テーブルボードで押さえるようにして座らせて、食事介助をしていました。母は安定した姿勢が保持できず、むせて嘔吐し、飲食できない状態になりました。たまたま早く戻り目撃したのですが、ヘルパーさんには、私が頼んだベッドでの座位のとりかたに、抵抗があることがわかり、嘔吐させるヘルパーさんの介助時間には、なるべく同室し、仕事に出かけられないことがありました。

結局、ポスターの表示どおりにする人としない人がいました。まだ入れ歯が使え、食べ物が軟らかければ食べられたので、ヘルパーさんの食事介助に期待しましたが、むせたり完食できない場合が多く困りました。また母の姿勢を悪くされれば、腰痛を起こし嚥下障害が酷くなりました。

当時、個々のヘルパーさんの介助を見た限り、重度者の食事介助は苦手だと宣言する人以外、誠心誠意対応しており、母が、むせて吐くのがなぜなのか、そして、むせる場合とむせない場合の介助の違いが、わかりませんでした。もっとも私が希望する母の食事の姿勢が、ヘルパーさんにとっては先駆的なことであったのを私が知らず、説明不足だったかもしれません。母の看取り後、嚥下障害者の食環境を調べ、「食事は、うつむかない

くうつむくようにさせ、食事介助をしたのかもしれないと思いました。

をとれない寝たきりの母を、テーブルボードとベッドではさんで、なるべ

と飲み込めない」という食事指導を見つけ、ヘルパーさんが、自分で座位

サービスの質と姿勢

要介護5で、寝たきりのオムツ介助は難しいのか「こんな人が家にいるなんて…この地区で一番重度です！」と、母の前で平気で言うヘルパーさんもいました。認知症だから油断しているのでしょうが、母は、自分を悪く言う相手を嫌いました。「大○さんは気だてが良いから、お世話をさせていただくと勉強になって良い」と言われ、新人が次々訪問しましたが、「要介護5」で、自分で座れない母の介護に慣れるのに、1ヵ月近くかかりました。また、ベッドの上が、トイレと食堂でもあるので、「下半身のケアをしたら手を洗い、他を触る」という衛生管理を、何度も頼まなければならない人や、重度者のオムツ交換を覚えたらこなくなった人など、オムツ介助の体験場にされたようで、困惑することもありました。

母がヘルパーさんの介助に慣れ、私も、ヘルパーさんとの意思疎通が安

定し、土日の事業所のヘルパーさんにも慣れてほしく、土日は仕事を諦めなるべく同室する努力をしました。しかし一瞬目を離すと母の体調が悪くなり、勇気をふるい起こして、別のサービス業者への交代を依頼したら、「あの家には気の強い娘がいるから、要注意」と、思われたようでした。

契約解除は精神的な負担が多く大変でした。しかし、新しく契約したサービス業者には、夜間・早朝巡回サービスがあり、ヘルパーさんたちに慣れたら、ケアプランの見直しができると思え、未来が明るくなりました。新しい事業所はケアマネさんをおかず、地域の事業所から「夜間・早朝巡回サービス」を請け負う大手企業でした。ヘルパーさんたちは年齢層も若く、きびきびとして手際が良く粒揃いでした。企業として独自の教育システムが確立し、各人が、サービス業であることをよく心得ており、とりたてて細かな説明は不要でした。エアーマットの圧の切り替え、ギャッチアップするため、足側から上げることも難なく理解されました。

この事業所のヘルパーさんたちに慣れた9月初旬ころ、母の嚥下障害が重くなり、食事介助が難しくなりました。私は、まだ数年続くと思える在宅介護を考え、秋から冬に向けての生活の見直しをしました。

ゴム手袋を過信せず手洗いをする意義

私はゴム手袋を使いませんでしたから、手洗いの順を大切に思うのかもしれませんが、通常おしり周りをゴム手袋で処理をし、そのままオムツをつけ、手袋を取ってパジャマのズボンを履かせるようです。上半身の衣服直しや、顔に手を触れる前に、交換したオムツを処理し、石けんで手洗いをすることを要望しました。自分で動けない人の介護では、手袋を外した後も下半身に触れることもあるので、1度手洗いをすることで、衛生を意識し、介護者と被介護者の健康を守れる気がします。

母の衣服

寝たきりですから、寝間着で365日と考えるのが嫌で、昼間は明るい色のカットソーの上下、夜間は、ニットの細かい花柄のパジャマへと着替えさせました。1日2回着替えますが、汗をかけばもう1度替えました。
介護者には、浴衣や介護服のように上下が繋がり、前開きの衣服が着せやすいのですが、腎機能が弱い母は、下半身を冷やさないように、綿ジャージのズボンをはかせました。
肌着やTシャツは、アメリカンホックで前開きにしていました。

母に必要なケアプランの推考

改めて半年間のヘルパーさんとの連絡ノートを見直すと、母の調子が良いのは週末でした。３食の内、朝昼２食を私が担当し、ヘルパーさんは夕食のみ。しかし延食が多く、私が引き継いでゆっくり食べてもらっていました。ヘルパーさんがむせさせ、嘔吐した後に食べ直すときや、私が最初から介助するときには、誤嚥も嘔吐もしませんでした。それまで食事介助の失敗で、何度も誤嚥性肺炎を起こしかけたので、食事はすべて私が担当することにしました。午前と午後、２回の90分間の介護時間を60分にし、計１時間浮かせると、早朝か夜間に30分のオムツ交換の巡回サービスが入ることがわかり、排便率が高く尿量も多く、昼夜逆転している母の就寝前の、早朝５時に巡回サービスを入れました。そして、１カ月２回の入浴サービスを入れても、訪問看護・リハビリなどが入りました。しかし、週15時間だったケアマネさんの事業所のヘルパーさんの派遣時間は、５時間減り10時間になりました。

巡回サービスのヘルパーさんの調整がつき、新しいケアプランがスター

② 9月から11月まで34日間のケアプラン

日	土	金	木	水	火	月	
		60分	60分	60分	60分	60分	午前10時～11時
60分	60分	60分	60分	60分	60分	60分	午後5時～6時
30分	30分	30分	30分	30分	30分	30分	午前5時～5時半
訪問看護師さんと、リハビリさんが 1か月に1回ずつ訪問							

■1週間の身体介護回数19回、合計15時間半　＊事業所のヘルパーさん10時間、他社5時間半

トした2004年9月20日早朝、母は、身体介助後の水分補給中、脈と呼吸が速くなり、口を開けてゼーハーするばかりで、水分が飲み込みにくくなりました。休日は医療に繋がりにくいので、在宅介護者は不安です。連休初日の18日から水分補給や食事のたびに、動悸が早鐘《はやがね》のようになり呼吸が早く、後頭部から背中にかけてびっしょり汗をかいていました。休日往診をお願いした主治医からは、「いつ何があってもおかしくないから、そろそろ覚悟をしなさい」と言われ、薄氷を踏む想いでやっと乗り越えた連休の最終日でした。

早朝からの頻脈《ひんみゃく》と、ゼーゼーとした呼吸音が収まらず、だましだまし、水分と経口栄養剤を介助し、心細い休日を過ごしていると、長兄一家がお見舞いにきました。内心「今生のお別れかもしれない」と、思いました。

しかし、母はそれまで苦しんでいたのに、子どもの透明で明るい声が玄関で響いた瞬間から、柔和で落ち着いた表情になり、2歳・6歳・8歳の孫たちや、長男夫婦に囲まれ、にこにことおだやかに過ごせました。

孫たちと楽しくバイバイと手を振って別れ、食べられないと思えた昼食もとれて、しばらく昼寝をし、夕方の身体介助では通常の排泄状態、水分補給も十分とれました。

訪問リハビリテーション

理学療法士や作業療法士などが家庭を訪問し、日常生活の自立を助けるためのリハビリテーションをおこなう。

『完全図解新しい介護』P. 346

3章

200以上の頻脈と呼吸苦で入院

在宅介護は介助の順番と分離が大切

食事介助と排泄介助の担当を分けよう

介助者の得意技は何か、苦手なのは何か？

自分が苦手なことは支援してもらおう

入院しましょう

夕飯を半分食べ進んだころから脈が速くなり、呼吸をするのに口を開けアゴをがくがくさせながら、ゼーゼーというより「アフッ！　アフッ！」と激しい音をさせて、通常の呼吸数の倍以上、1分間に60回近い呼吸数となり、震える手や首を支える私の手が、瞬く間に汗でぐっしょりと濡れ、とても尋常ではないと思い、主治医に往診をお願いしました。

「高齢者に、無為な点滴治療はしません」という、先生の意向は聞いておりました。私は内心、速すぎる呼吸と200以上の速い脈（頻脈）なので、「食事も水分もとれず、だんだん弱って2〜3日後には死ぬのかしら…?」と、思いましたが、母はぎりぎりまでちゃんと食べており、顔つきがとてもはっきりし、今日明日に死ぬ顔とは思えませんでした。

できるだけ母に安らかな最期を贈りたい私は、「もうお別れでも、なるべく安らかな死を迎えさせたいので、入院させてください。頻脈と呼吸苦で、死ぬまで激しく苦悶《くもん》する姿を見続けるのはいやです」と主治医に訴えて、転院の手続きをお願いしました。主治医の往診後、母に「こんなに呼

頻脈
脈拍数が異常に速いもの（普通1分間に100以上）。洞性頻脈・上室性頻拍・心室頻拍などに分けられる。後略
『看護・医学事典』P. 784

吸が苦しいのだから、入院しましょう」というと、涙をボロボロこぼし、はっきりしない言葉で、切れ切れに「病院には、行かない！」と、言い張るので、何度も胸から腕をさすり、「こんなにさすっても楽にならないのよ。お母さんは死にたいのだから死ぬのはよいけど、入院して、苦しくないように死なせてもらいましょうね」と話し、やっと母は承知しました。

主治医が入院先を選んでくださり、当直医に電話で手配し、私は119番し、往診から1時間後、救急車で夜間の緊急入院をしました。

まだ母の命の炎が残っていたのか、18日間の入院生活を経て退院しました。退院後は新しいケアプランになったので、ますます嚥下障害がきつくなった母の、1日5~6時間におよぶ食事介助でさえも気持が楽でした。

しかし24時間在宅時には、地域の患者を診察し、地域医療を長く手がける老齢の主治医は、ご自分の死に際しても「点滴で、永らえるつもりはない。いやだ！」と主張されるので、退院後の母の診察は拒否されました。もっとも、春から「いつ、お迎えがきてもおかしくない状態です。もうよいでしょう」と診断され、血栓予防なども受けられていませんでした。

居宅療養管理指導
通院困難な高齢者のために、かかりつけの医師や歯科医師、歯科衛生士、薬剤師、管理栄養士などが家庭訪問し、直接、医学的な管理や指導、助言を行う。
『完全図解新しい介護』P. 346

主治医交代、新しい介護体制

私が母の入院を希望し、治療上点滴も酸素吸入も受け入れたので、家庭医の主治医交代宣言を承諾しました。しかし、母の退院後の居宅療養管理指導を探さねばならず、入院した病院の担当医の紹介で、病院と同系列の「訪問医療専門の診療所」による、「在宅支援」へと変更しました。

総婦長さんと訪れた40代の主治医から、24時間つながる携帯電話の番号と、系列病院の連絡網が渡され、私が、母の看取りに望む「無為な延命をせず、痛みや苦しみの緩和処置は受けられる」という契約ができました。

命の終わりの線引きはいろいろでしょう。私は重篤《じゅうとく》で母が悲嘆に暮れた「歩けない身体」で、延命する気はありませんでしたが、命があるならば、在宅で、ホスピスのような緩和ケアを受ける体勢にしたかったのです。

また、チーム医療に移行したので、ケアプランの変更から入った訪問看護師さんも、病院の系列の訪問看護師センターを選びました。

春からの接骨医の治療で、拘縮予防のマッサージを教わりましたが、家ではリハビリができなかったので、訪問看護師さんと相談し、訪問リハビリテーションで、座位をとる訓練法を習い少しずつ訓練を始めました。

居宅療養管理指導について

母のために、在宅で歯科医師と耳鼻科の医師の訪問治療をお願いしましたが、管理栄養士さんをお願いできることを知りませんでした。『完全図解新しい介護』を、もっとよく調べればよかったのですが、母の存命中は、見つけられませんでした。

的確なケアプランを選び取る必要性

母は入院前の1日と退院後、新しいケアプランによるサービスを受けました。しかし、長年の母の習慣に馴染んだ私は、退院後、明け方に熟睡している母に気づかず、巡回サービスを早朝に入れたままでした。そして、退院後の介護時間への対応、医療環境の変化、母の食事は流動食という調理内容の激変に振り回され、新しい介護生活に馴染むことに夢中で、退院後の母の生活時間のずれを見逃し、33日後の早朝には、身体介助後の水分補給時に母が誤嚥し、脱水症と誤嚥性肺炎の疑いで再入院しました。

ケアプランは1ヵ月ごとに見直すことが規定されていますが、実際には私はプランを見直せず、前月を引き継ぐだけでした。ケアプランを変更したときには、新しく身体介助に入った時間に母がどういう状態だったか、介護ノートとは別に書き抜いて前月と比較すべきでした。

社会の手を借りての母の在宅介護の良否は、ケアプランを母と私の生活にとって、有用な形で選び取ることにかかっていました。母の再入院後、ケアプランを再度検討し、巡回サービスを早朝から夜間に移動し、午前中の介助を60分から30分に減らしたことで、全日3回の介助を得ました。

医師の24時間サポートに思うこと

私は、地域の家庭医が深夜でも看てくださる医師なので、安心して暮らしてきました。
これまでの生活の中で、時間外に診察をしていただいたのは、以前、息子の光過敏による意識不明時と、今回の母の入院のための往診、ともに20時で、入院手配をお願いしました。
いつでも看ていただける安心感で、慌てず騒がず、朝の診察時間まで待ちました。
在宅介護における、365日24時間サポートは、絶大の安心感を得られますが、お互い人間ですから、連絡時間への配慮が大切でしょう。

そして、訪問入浴が2回、訪問看護師さん2回、リハビリさんは1回。

建前としてケアマネさんは、サービス業者から独立した計画を立案するはずです。しかし、ケアマネさんの労働に対しての対価が過小なために、自社系列のサービス業者主体の、プランになっても仕方ないのかもしれません。私が再々考したプランでは、ケアマネさんの事業所のヘルパーさんは、仕事量が激減し、最初のプランの週15時間から、3分の1の5時間になりました。ケアマネさんとしては、このプランは敬遠したいでしょう。

私は、四苦八苦して10ヵ月もかけ、要介護5の母にとっては、まったく基本的なプランにたどり着きました。母は2度目の退院後、このプランに従ったサービスを受けて、亡くなるまでの7日間を過ごしました。

サービスの水準を知る

「要介護5」のサービスの水準は、夜間・早朝の巡回訪問介護を含め、1日3～4回のサービスと、介護保険のサービス内容に明記されています。

この当然の水準が、なぜ反映されなかったのでしょう。

③最後の7日間のケアプラン

日	土	金	木	水	火	月	
30分	30分	30分	30分	30分	30分	30分	午前10時～10時半
60分	60分	60分	60分	60分	60分	60分	午後5時～6時
30分	30分	30分	30分	30分	30分	30分	午前1時～1時半
訪問看護師さんが1か月2回、リハビリさんは1か月1回訪問							

■1週間の身体介護回数21回、合計14時間　＊事業所のヘルパーさん5時間、他社9時間

それは、私がヘルパーさんの対応と介護にすりへり、疲弊《ひへい》し、「要介護5」の母に必要な、介護サービスの水準を調べず、ケアマネさんが、母に使える1ヵ月あたりの「在宅サービス全体の利用限度額」を、自社系列のヘルパーさんの「仕事ぶりに合わせた」点数配分にしたことに、何の意見も持たず、承認印を毎月押し続けたからです。つまり、私が「要介護5」の母に合った、夜間・早朝の巡回訪問介護サービスのある「居宅介護支援事業者」を、選べなかった結果です。

ここで書いた「仕事ぶり」の大きな違いの一つは、巡回サービスをする業者のヘルパーさんは、事務所待機の勤務態勢で、担当範囲を効率よく自転車で回っていますが、地元の事業所に所属するヘルパーさんたちは、この土地に家族とともに暮らしながら、「家から訪問先に入り、仕事をして家に帰る」という勤務態勢ですから、30分の介助に往復30分以上かかる訪問先は、尻込みしたくなるでしょう。

何事も勉強不足は不利益に繋がりますが、介護サービスの利用開始に際して、サービスの水準が明確に業者から提示されないことは、「在宅介護」という生活環境を選ぶ「介護者と被介護者」にとって、最大の不幸です。

私は介護に必死で、情報集めができませんでした。しかし、在宅介護の支援のサービス内容が、制度を体験し痛い思いをしてから、介護者が調べ直さなければわからないのでは困ります。

２００６年4月からの介護保険改正では「自立支援」と「尊厳の保持」に力を入れ、社会福祉士、主任ケアマネージャー、保健師などが相談に乗るので、被介護者の不利益には繋がらないように思え、義母の介護のときには、気が楽になると思います。

ここまで書いて、行政のホームページから検索する「地域の支援事業者一欄」で、個々の業者の詳細を引いてみましたが、営業内容が不明です。例えば、母が夜間・早朝の巡回訪問介護を利用していたC社の詳細には●受付時間／9時～18時　●休日／土曜日、日曜日、祝日　●その他の年間休日／12月29日～1月3日とだけ、書かれています。巡回訪問介護や、24時間の介護体制については、一言も書かれていません。

（２００５年9月15日調べ）

しかし、同社のホームページには、「身体の自由度が少なくなっても、適切な介護サービスがあれば、生活リズムや個性をお守りできると考えて

ケアプランのモデルケース

2004年晩夏に、ケアプランの見直しをした際に、かなりホームページを検索しました。
しかし、介護保険の性質上、料金体系からの内容が多く、ケアプランが一目でわかる表示がありませんでした。プランの変更をしてから『完全図解新しい介護』の、350ページに図解をみつけました。
いくつかの項目別になっているので、目安になると思います。こういう図表を、地域包括センターの窓口にも置くべきだと思います。

います。○○には24時間３６５日、在宅生活をトータルに支援する在宅介護サービスがあります」の、言葉があります。

このように、企業の本来のサービス内容を伏せた情報では、利用者にとって必要なサービスを選べません。

ケアプランは自分で作ることもできると、介護保険の規定にあります。また、ケアマネさんが所属する事業者や、ヘルパーさんを派遣するサービス業者を選ぶ自由も明記されています。

しかし、デパートやスーパーの買い物のように、見比べるシステムはなく、どうすれば自分たちに適正な業者が選びとれるのでしょう。

介護サービスや訪問医療、訪問看護、訪問リハビリは、相互に各事業者が商売敵の関係になるので、資本主義の落とし穴に利用者が落ち込まないように、プラン見本を行政の窓口に置き、それぞれのサービス内容について、わかりやすい説明をするべきです。そして、介護保険の申請時に窓口で配る「居宅介護支援事業者」の一欄表に、夜間・早朝の巡回訪問介護、３６５日の対応について、有無の明記をしていただきたいと思います。

要介護度の区分

２０００年から介護保険制度が実施され、介護を必要とする人の「必要介護度合」を身体状況から６段階に区分けしてきましたが、改正により、８段階に区分けされることになりました。２００６年４月以降２００８年までに、体制の整った市町村から順次実施されます。

認定された介護度により、介護保険からの支給限度額が異なります。したがって介護保険サービスを受けるため、要介護度の認定は重要です。

自立、要支援、要介護の、３段階に分かれる、要介護度の区分内容と、１カ月あたりの在宅サービス全体の「利用限度額」と、サービスの水準の目安は次のとおりです。金額は２００５年９月現在です。

自立……介護保険を利用することはできませんが、法改正にともない、「地域支援事業」が設けられ介護予防が行われます。

自立

通所リハビリテーション

医療機関や介護老人保健施設にかぎって行われるリハビリテーション。作業療法士や理学療法士や言語聴覚士などが「リハビリ計画」を立て、生活支援を行う。

『完全図解新しい介護』P. 346

通所介護

寝たきりや痴呆などの高齢者の心身機能維持や、介護者の負担軽減のためのサービス。送迎・食事・健康チェック・入浴・レクリエーションなどを行う。

『完全図解新しい介護』P. 346

要支援1・・日常生活はほぼ自分で行うことが可能。

心身の状態の悪化防止と改善を図る。主なものは転倒・骨折・認知症・うつなどの予防と栄養改善指導。

6・15万円

■サービスの水準↓　機能訓練の必要性に応じ、週2回の通所リハビリテーション。

要支援2・・立ち上がりや歩行が不安定。

残された身体機能を保持・向上させたり、失われた機能を取り戻すような支援が必要。

心身の状態の悪化防止と改善を図る。主なものは転倒・骨折・認知症・うつなどの予防と栄養改善指導。

要介護1・・立ち上がりや歩行が不安定で、排泄、入浴、清潔・整容、衣服の着脱などに部分的介助が必要な状態。

16・58万円

■サービスの水準↓　毎日何らかのサービス。

要支援1
自立した生活へ
戻すための
見守りや支援

要支援2
自立した生活へ
戻すための
支援や部分的な介助

要介護1
自立した生活へ
戻すための
部分的な介助

要介護2‥立ち上がりや歩行が自力では困難で、排泄、入浴、清潔・整容、衣服の着脱などに一部の介助・見守り、または全介助が必要。

19・48万円

■サービスの水準↓　**週3回の通所リハビリテーション、または通所介護を含めた毎日なんらかのサービス。**

要介護3‥立ち上がりや歩行など自力でできず、排泄、入浴、清潔・整容、衣服の着脱などに全介助が必要。

26・75万円

■サービスの水準↓　**夜間・早朝の巡回訪問介護を含め、1日2回のサービス。**

①医療の必要性が高い場合
週3回の訪問看護サービス。

②認知症の場合
週4回の通所リハビリテーション

要介護2
自立した生活へ
戻すための
軽度の介護

要介護3
日常生活を送るための
行動に、全介護が必要
中等度の介護

夜間・早朝の巡回訪問介護を含め
または、通所介護を含めた、毎日
なんらかのサービス。

要介護４：日常生活を行う能力がかなり低下しており、排泄、入浴、清潔・整容、衣服の着脱などの全般について全面的な介助が必要。

３０・６万円

■**サービスの水準↓**　**夜間・早朝の巡回訪問介護を含め、**
1日2～3回のサービス。
①医療の必要性が高い場合
週3回の訪問看護サービス。
②認知症の場合
週5回の通所リハビリテーション
または、通所介護を含めた、毎日
なんらかのサービス。

要介護４
日常生活を送るために
全面的な介助が必要
重度の介護

要介護5：意思の伝達が困難で、生活全般にわたって全面的な介助が必要。
35・83万円
■サービスの水準↓　夜間・早朝の巡回訪問介護を含め、1日3〜4回程度のサービス。
①医療の必要性が高い場合
週3回の訪問看護サービス。

以上は、東京都の公式ホームページ「東京都介護サービス情報」や、独立行政法人福祉医療機構が福祉保健医療関連の情報を、ホームページ上に発信している「ワムネット」ほか、行政の介護関連ページで調べました。

役割分担を考える

私は、オムツ介助をすべてヘルパーさんに頼まず、夜間などは自分がして当然だと思っていましたが、それは間違いだったのでしょう。今思い返せば、認知症で嚥下障害の母への食事介助を全部私がすべきでした。

介護保険に関するホームページ
東京都の介護保険に関する公式ホームページ「東京都介護サービス情報」には、介護保険について説明したページがあります。
以下がＵＲＬです。
http://www.fukushihoken.metro.tokyo.jp/kourei/hoken/kaigo_lib/index.html

要介護５
日常生活を送る全般にわたり
全面的な介助が必要
最重度の介護

ケアマネさんは、私の仕事時間を確立するために、90分間にオムツ交換と食事介助をするプランにしました。しかしその90分間が、私の立ち会いなく済ませられたことは非常に少なく、否応なく同室せざるを得ず、その時間にできなかった仕事の夜間へのずれ込みや、外出時間のはなはだしい規制が、執筆活動という流動性はあるものの、手を抜きようのない仕事を持つ私の健康を脅《おびや》かしました。

ケアマネさんは、認知症で半身麻痺の母の食事介助には、嚥下しやすい軟らかい物を用意することを強く要望したので、私はその意に従い、軟らかくて食べさせやすい食事ばかりを用意し、母の食事への意欲や能力を落としてしまい、かえって嘔吐を招きました。

人間が生きていくうえで、毎日定期的にすることは、食事と水分補給と排泄です。私は、ヘルパーさんに母の介護を依頼したときに、食べることと排泄をすることが、一つの時間帯にまとめられたことに疑問を持ちませんでした。確かに、それまでの1年半の介護時間の流れは、オムツ交換をしてから食事でした。しかし介助後にお茶を飲み、ゆっくり一休みしてからの食事でした。母は心臓が弱く、「ごろごろと転がされる」オムツ交換の直後に食事をとれば、むせて嘔吐をしても当然だと今では思います。

嚥下
口腔内に吸引した液体、または咀嚼によってできた食塊をのみ込み、咽頭・食道を経て胃に送り込むことをいう。I期（口腔から咽頭まで）、II期（咽頭から食道入口まで）、III期（食道入口から噴門まで）に分けられ、II期以後は食塊が咽頭などの粘膜に触れると起こる不随意の反射運動である。後略。
『看護・医学事典』P. 81

ヘルパーさんが入り、介護時間に合わせて食事時間が1時間以上早くなり、母は家族との夕餉《ゆうげ》の団らんを失いました。それに、ヘルパーさんの介助が進む部屋では家族は食事ができません。重い介護を助けられた私は、深く考えもせず受け入れてしまったのです。

母は家族から孤立して寂しかったでしょう。身体介助と食事介助を分離し、1日3回の食事時間とずらした30分間の身体介助を3回入れれば、夕食は家族揃って食べられ、1日おきに昼間1時間、食事介助の上手なヘルパーさんに昼食をお願いしたら、私はかなり自由だったと思います。

これは、母を失ってから思いついたプランです。外部からの支援を入れる場合は、介護者が楽に生活する時間帯を確保し、「それまでの生活時間」を大切にするプランを、まず最初に考えなければ意味がないでしょう。

食形態を変えるための準備

最初に入院した病院での食事は、すべて流動食でした。退院前に要望した「栄養指導」の栄養士さんは、病院の献立表を手渡し、「このように、バランスが良い食事に水分を足し、ミキサーでドロドロにします。粘度が低ければ増粘剤でまとめてください」と指導されました。私は夕食の介助で食事内容と味つけをみましたから、流動食の献立を覚えました。

しかし、ただでさえあわただしい在宅介護のある生活に、ミキサー食を取り入れるとしたら、1人分を簡単に食器の中で加工できる、スティックミキサーを購入する以外、調理時間の短縮法はないと思いました。本来であれば納得ゆくまで手にとり、使い勝手などを見比べてから購入すべき道具ですが、日用品以外の買い物をする時間は有りません。ホームページで介護のお仲間が使っていた「ブラウンのスティックミキサー」を検索し、取り寄せる時間がないので、夜10時まで営業している家電品の量販店に在庫確認をし、仮予約をしました。

長く使うことになるので、料理番組で見かけるスイスのバーミックス、テレフォンショッピングで見るオランダのプリンセスや、マルチシェフを見比べたかったのですが、近くでは全製品を扱っている店舗がなく、全部見られる専門店は営業時間が短く、結局、母の退院前夜の食事介助後、郊外の量販店へ足を伸ばして、予約品を買いました。

スティックミキサーの選択

スティックミキサーは多くが１万円内外で、バーミックスは３万円近くします。
安価な物ではないし、置く場所も考えないと日常の使用に耐えません。
それぞれの大きさ重さ、素材、脂っこい物もミキシングするので、刃の洗浄や分解についても、ホームページやカタログで慎重にお調べください。

食事と水分補給の変遷

母の食事は、入院までの2年間1000キロカロリー、飲料1000ml（食事に含まれる水分を足した総水分摂取量2000ml）でした。

入院した母の点滴と酸素吸入が外れ、食事が始まってもあまり食べないと聞き、私は毎日の夕食介助に通い、ほぼ完食をさせていましたが、1日の食事総量は500～600キロカロリーくらいだったでしょう。

退院直前に担当医からの病状説明があり、栄養所要量は、1日1000キロカロリー、飲料1000mlと、これまでと同じ数字を示されました。その数字を聞いて、私は自分のしてきたことが「正しかった」のだと、安心しただけでした。

病院は急性期の治療はしますが、入院中に、過去の障害の温存処置はせず、手のかかる嚥下障害の高齢者に対する食の介助などは、介助費が加算されないため、工夫しないことが多いとは聞いていましたが、18日間の入院期間中に、母は一回り痩せました。

退院を迎えてくれたヘルパーのIさんに、「やせて、良かったわよ！」と、言われ、入院期間中に拘縮部に対するケアがまったくなく、腕の拘縮

栄養所要量

個人が健康な生活を営むために摂取することが望ましいと思われるエネルギー（熱量）および各栄養素の量。わが国では健康を保証できる栄養必要量に、安全を見込んである率を加算して定められている。後略。

『看護・医学事典』P. 69

※2005年4月から「食事摂取基準」となりましたが、私が母を介護した当時は「栄養所要量」を使用していました。

が進んだデメリットはあったもののやせた分、母はすっきりして良かったと思いました。しかし私は、寝たきりの母の身体に、「多過ぎる栄養所要量や水分」が心臓の負担になり、入院して食が細ったことで「体調が改善した」とは、夢にも思いませんでした。拘縮部は退院後、マッサージで改善し、朝晩私もさすり、かなり回復させました。

母に必要な栄養

私が気持ちにゆとりを持ち、肺炎についてもっと担当医に質問していたら、身体に余分に入った水分が肺の血管から浸み出して肺炎になることがわかり、血流が多ければ動悸も激しくなることを理解し、これまでの生活と比較して、寝たきりの母には、栄養分と水分量は担当医が指定されたよりも「少なくてよいのだ」と、考えたと思います。

もし食事総量が3割減れば、エンシュアを1缶と、水分も３００ml減らせます。１缶のエンシュアと水分を飲むのに2時間近くかかりましたが、半量でよいなら30分で飲めました。母が、飲んだり食べたりする量と時間は正比例ではなく、僅《わず》かな差で食事時間をかなり短縮できたでしょう。

夏頃から、母の口に多量の食事を「無理矢理運んでいる」のかもしれないと、漠然とした不安がありました。偶然見た番組で、日々お忙しくご活躍されている日野原先生が、１日の栄養所要量について「私は、１３００キロカロリーですよ」と、話しておられました。私はその数字の少なさに驚きました。母の身長は本来１５０㎝でしたが、肋骨《ろっこつ》の骨折で円背になり１３０㎝くらいに縮みましたから、身長を約５％減らして１４２㎝と考えて、先生がご指導された計算式に当てはめると、８８７キロカロリーになりました。寝たきりの母には「これより少なくしてもよいかしら」と、思いましたが、摂取カロリーの減少化に取り組めませんでした。

しかし数日を過ぎて、どうしても先生のお話が気になり、日野原先生が総監修をされた講談社刊『食べて治す・防ぐ医学事典―おいしく・健康・大安心』を読みました。

食べやすい食形態なら食べられるの？

仕事を持っての在宅介護は、あわただしく１日が過ぎますが、私はなるべく母に適した介護になるよう情報を求め、さまざまに本を読み、嚥下食

日野原先生が説明された、1日の適正摂取カロリーの計算法

A. 標準体重の計算　身長(m)×身長(m)×22＝標準体重(kg)

B. 体重1kgあたりの必要エネルギー

1. 安静にしている人や老人……20～25
2. 事務員、技術職、管理職……25～30
3. セールスマン、工員、店員など、立ち続けることが多い人……30～35
4. 農業、漁業、大工さんなど、重労働の人……35～40

●Aで計算した標準体重に、体重1kgあたりの必要エネルギーをかけます(Kcal)。

＊母の場合は44.3608kgですから、20かけると887Kcalになります。また、Aで、かけた22は、BMI(Body Mass Index)と呼ばれる係数のうち、正常とされる19～24のうち「1番病気になりにくい数字」です。母の場合、寝たきりなので、やせすぎの真ん中の数字17に変えてみると、686Kcalになります。このBMIによる計算法を、母の死後半年以上たって知りました。

に行きつき、医療用の嚥下食を研究しているメーカーに出合いました。

日本古来のスローフード「魚のすり身」を使った試作品を、初夏頃から母と試食しながら、母にとって食べやすく、おいしい嚥下食を模索していました。

夏の終わりには、新しい食形態として完成した製品を、ホームページのお仲間と試食しました。そして、「野菜入りのテリーヌ状にできないか」とか、「サプリメントではなく、赤身魚のテリーヌで、ＥＰＡやＤＨＡをとれないか」などと、メーカーに提案をしました。

メーカーが、医療食として２００４年秋に発売した嚥下食は、お祝い膳《ぜん》に欠かせない蒲鉾《かまぼこ》や、伊達巻《だてまき》の形をした「魚肉のテリーヌ」ですが、食の進まない母の前に、試作品で、蒲鉾風のテリーヌ1枚20g（42キロカロリー）と、伊達巻風のテリーヌ1枚30g（73キロカロリー）を、並べたときに、母が不思議そうに眺《なが》め、あっという間に食べて喜んだ笑顔は、7〜8さじだけで、１１５キロカロリーも食べてもらえた「私の喜び」と重なりたとえる言葉がありませんでした。

蒲鉾とだて巻の形をした魚のすり身のテリーヌ

蒲鉾2枚で、切り身の焼き魚1枚分くらいの、栄養量があるように、考慮された冷凍食品です。冷凍庫から冷蔵室へ下ろして解凍し、そのまま食べられます。電子レンジでの解凍や蒸し器で蒸すと、さらに軟らかくなります。凍ったまま、スープや、お吸い物、うどんダシなど、汁物のタネにもなるので、各家庭の味で食べられます。天ぷらにすると軟らかくておいしいので、家族と中身が違っても孤立せず、同じように見えるおかずが作れます。

嚥下障害者が、医学的に食べやすいと思われている食形態は、通常おかゆのように「水分の多い流動食」です。つまり、水分で食事総量が増えます。食事量が増えることにより母は半分も食べられず、私は不足する栄養を、母の嫌いな経口栄養剤「エンシュア」で補いました。そんな毎日は、大豆たんぱく質主体のエンシュアに、魚の良質なたんぱく質を補う必要性を感じさせました。もちろんそのために、刺身を細かくたたいたり、白身魚の煮物を細かくほぐしていました。でも仕事を持つ私は、短時間で調理できる魚の加工品がほしくて、「魚のすり身」に興味を持ったのです。

ホームページのお仲間と要望した、野菜のピューレと魚のすり身を合わせた緑黄色野菜のテリーヌや、機能食として発売するために、メーカーが手がけていた「まぐろ団子」などの試作品は、入院直前の食欲不振の母がおいしく食べられ、退院してからのおかずにも重宝しました。

魚肉のテリーヌは、消化が良く栄養価が高いので、私たち親子にはありがたい製品でした。今後とも開発に関わりたいと思い、メーカーのアンテナショップとしての交渉をし、２００４年12月から、ホームページ上で、「ふわふわテリーヌ」という商品名で、販売していました。

「ふわふわテリーヌ」ホームページ

介護で大変で大切なものは、食事です。軟らかくて飲み込みやすく、栄養価もあるものを探し求めてたどりついた、魚のすり身から生まれたテリーヌです。
2008年5月、アンテナショップとしての契約終了までホームページを発信し、販売活動をしていました。

現在は、ケアフード メルティとして、株式会社梅かまで製造され、以下のホームページで発売されています。TEL076-479-1853
http://www.umekama.co.jp/

EPA(エイコサペンタエン酸)

血栓を溶かし血管を拡張させる作用があります。血中の悪玉コレステロールをへらし善玉コレステロールを増やしてくれるので、生活習慣病を予防し、ガン細胞の発生や転移を抑制する効果が期待されています。

DHA(ドコサヘキサエン酸)

魚の脂肪に多く含まれており、悪玉コレステロールをへらし、善玉コレステロールを増やします。また、脳細胞の活性化、老化防止、動脈硬化の防止などの働きがあります。

発信と同時にホームページの介護仲間と立ち上げた「在宅介護の輪　栄養研究会」に顧問として、森山喜恵子先生を招聘し、ご快諾いただきました。これから時間をかけ、先生にアドバイスをいただいたチーズなどの乳製品を取り入れ、いろいろな種類のたんぱく質を使い、少量でも食べやすく栄養価の高い介護食を考案したいと思いました。

コップでは飲めない

母の入院中の食事は、すべてミキサー食（流動食）なので、形のない水分で伸ばしたドロドロの食事でしたから、母は、口の動かし方を忘れ、入れ歯が使えなくなりました。退院後、口を動かす神経に命令が到達しないのか、形のある物がまったく食べられず、入院前は入れ歯を使わずに食べた、ブドウやスイカもつぶさなければならず、目では「形のまま」食べたい母はとてもがっかりしました。また病院の指定で、水分を吸い飲みで介助されていたためか、コップでは飲めなくなりました。

入院前、ストローを認識できずに吹いたり、かじって困ることもありましたが、コップで飲めないときは細めのストローでむせずに飲め、その日

魚と緑黄色野菜のテリーヌ

ゆでて、丁寧に裏ごしをした野菜のピューレに、魚のすり身を、1：2の割合で合わせてあります。冷凍食品なので、必要なだけ冷蔵室におろして、自然解凍しただけで食べられます。小さくサイコロ切りにしてスープに入れたり、マッシュポテトと合わせて、彩りのよいきれいなポテトサラダ。形が見えて、食べやすい食事は食欲を誘います。

・にんじん風味／1個17g、33kcal（1.0g）
・かぼちゃ風味／1個30g、51kcal（1.9g）
・ほうれんそう風味／1個30g、53kcal（2.0g）　＊（ ）内はたんぱく質（以後同）

によって、コップかストローのいずれかで飲みましたが、退院後は両方とも飲めませんでした。

吸い飲みは、口をすぼめると嚥下反射が起きるのか、母の呼吸に合わせて目を見つめ、私に意識を集中してもらい、「お水よ」「お茶よ」「ジュースよ」と、中身をいいながら口に運ぶと、むせませんでした。

ガラス製は、洗うとき「きゃしゃでこわれやすく」、使い始めに、テーブルの端に置き、手を引っかけて落としました。それ以後は洗い上げたらステンレスの盆に伏せ、テーブルの中央で乾かしていました。


ホームページ仲間の森さんがお使いの、小さな急須やコーヒーポットも試してみました。エンシュアを1缶飲むために2時間近くもかかる母に対して、森さんのお母様は数分で飲んでくださると聞き、ベッドを倒して急須を使うと確かに飲みやすいように感じました。しかし、母は重度の認知症なのでタイミングが難しく、背中を30度以上起こしてむせさせない努力をするよりなく、注ぎ込み口の短い急須よりも舌の中央に飲み物が注げる吸い飲みがよいと思いました。むせるむせないは飲むタイミングもあり、ふいに言葉を発したいときに、うっかり飲ませると当然ですがむせます。

森さんのお急須
2004年9月に、100歳のお誕生日を迎えられたお母様は、1日エンシュア3缶に、コーンスープや、軟らかい蒸しパン、ヨーグルト、プリン、お芋、南瓜、大根の軟らか煮、すったリンゴなどで1日1000kcal召し上がっておられます。意識障害が少ないので、ベッドの背をほとんど持ち上げないで、流し込むようにエンシュアをお飲みいただけるそうです。

私は、プラスチック製の吸い飲みは、プラスチックの臭いが飲み物につくので嫌いですが、吸い口が太く洗いやすいので、栄養剤のエンシュア・リキッドやジュース、スープなど、汚れの落ちにくい液体に使い、お茶や水はガラス製を使いました。毎日吸い飲みの清潔を保つことに心を砕き、洗剤を使いお湯で洗って十分ゆすぎました。どの吸い飲みも毎日1回、弟が煮沸消毒をしてくれたので助かりました。

母は、食べられる量が少ないのでカロリーが足りず、エンシュアを一日2缶、500キロカロリー飲みました。母が食べられる食形態は流動食なのに、和風のおかゆは嫌いで、リゾットや、バターつきトーストで作ったパンがゆ、豆腐、ゼリー寄せ、茶碗蒸し、プリン、ポテトサラダ、カニクリームコロッケ、スイートポテト、レアチーズケーキ、アイスクリーム、ヨーグルト、バナナなど、主に洋風な物が好きでしたから、少量でカロリーが高く、飲み込みやすい食品で食事を考えました。

食事時間には、テーブルボードに綺麗な色のペーパーナプキンを敷き、量を少なく見せるために器を選び、こじんまりした感じにまとめ、花も置き、母が楽しく食べられるように努力しました。

■お椀に入れた味噌汁の量と、ガラス器に入れた場合の見た目の量の比較(一例)。入院するまでは、器で量を少なく見せる工夫をしていました。ガラス器は残量がわかり便利でした

退院当初、まったく食べられなかった、うどんやスパゲティも、5～7ミリくらいの長さに折ったり、キッチンばさみで切って、軟らかくゆで、ホワイトソースを絡めたり、うどんつゆを水溶き片栗粉でとろみをつけて卵とじにすればのどを通り、何とか1000キロカロリー食べ、1000mlの水分を飲み、食事に含まれる水分や、エンシュアの水分を足した総水分量2000mlを、クリアしていました。飲食のたびにチェックし、医師の指導に従って努力した記録が、2度目に緊急入院するまで33日間の「介護ノート」に残っています。

私は入院に際し、認知症の診断と、腰の状態の把握をお願いしました。肺炎や心臓病で入院したので、レントゲン写真の撮影時には家族の介助が必要でしたが、車いすへの移乗の可能性が見い出せ、退院前の4～5日、1日30分くらい車いすに座らせていただけました。

しかし訓練が性急で、退院当日、再度レントゲンを撮るほどの筋肉痛を起こし、退院後、しばらく背上げができませんでした。それでも母は、再び車いすに座れたことを喜び、筋肉痛の治癒後、リハビリさんの指示に従って、座位をとる訓練を始めました。

ベッドから出て座れることは、なににも替えがたい母の喜びでした。

2004年10月27日夕食
(カッコ内はたんぱく質の量)
紫唐芋のスイートポテト65g／107kcal (0.6g)
バナナ1本／86kcal (1.1g)
エンシュア 125ml／125kcal (4.4g)
水 130ml
■合計255ml＝318kcal (6.1g)

居心地を良くするベッド周りの工夫

母は退院後、運動機能のある健常側の手足の筋力が落ち、ほとんど動かせなくなりました。かかとがくっつき、どんな力で合わせているのか、触れ合っている面が赤くなっていることがあり、褥瘡へ移行しそうになりました。

また麻痺側の足が外側に倒れ、くるぶしや小指が血行不良になり、これも褥瘡になりそうで、円座状のクッションなどを購入しなければと、思いましたが、ショップへ行く暇もなく、カタログでの取り寄せも気が進まず、70×130㎝くらいの大型のバスタオルを、4つ折りにして足に当たる場所には、しわがないように、足の間にタオルを挟んだことで、両方の足がわずかに固定されました。こんなわずかな支えでも足が倒れず、当然こすり合わず、問題が起きなくなりました。タオルや衣服を洗うとき、母の弱っている皮膚を刺激しないために柔軟剤を使わず、乾燥機でふわふわに乾燥していました。

● バスタオルで足の褥瘡予防

タオルや、クッションなどを、母の身体の下に入れる場合は、境目や、折り山などが、身体に圧力をかけないように注意していました。

足の間にタオルを引き出します

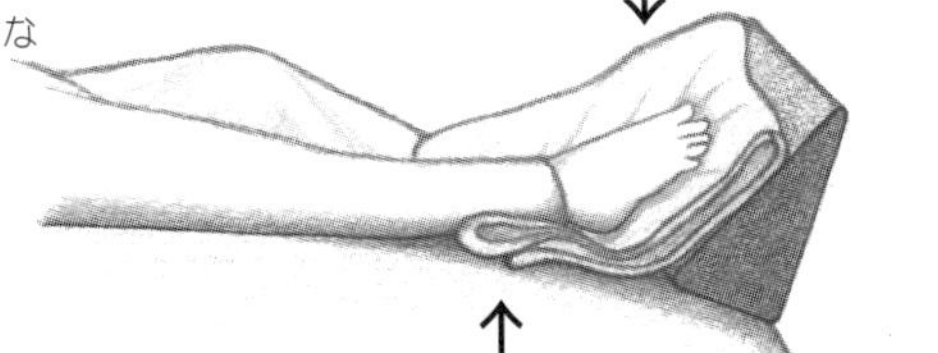

母の場合は、タオルの端をふくらはぎとかかとの間の、僅かな隙間に入れると、足先が安定しました

● 枕を吊り下げる枕カバー

私は縫いましたが、肌触りの良いタオルで、都合の良い位置に枕が下がるようにしてもよいと思います。

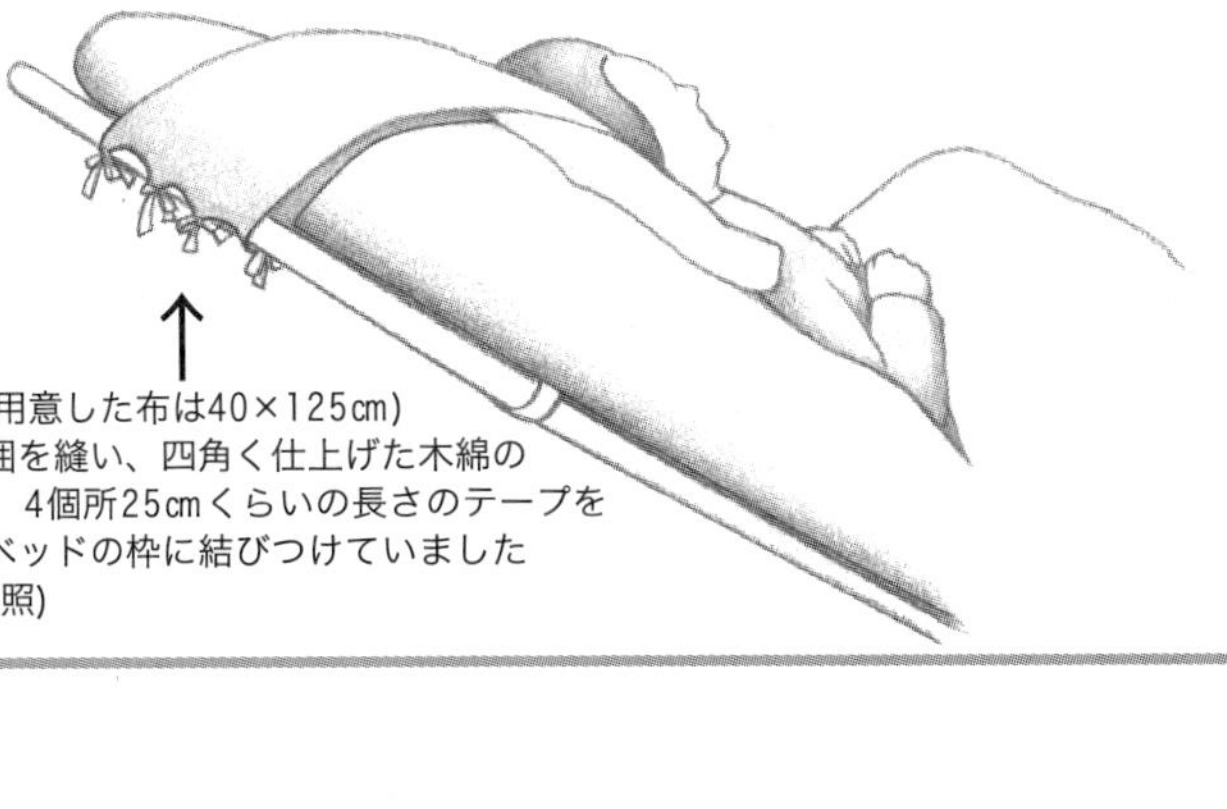

35×120㎝(用意した布は40×125㎝)くらいに周囲を縫い、四角く仕上げた木綿の布の両端に、4個所25㎝くらいの長さのテープを縫いつけ、ベッドの枠に結びつけていました
(P.8 写真参照)

誤嚥性肺炎の疑いで再入院

11月10日早朝、母は食事の途中で何かを言いかけるようにして誤嚥し、食道からの逆流なのか自分のつばなのか、それっきり咳が出っぱなしになり、午前10時に緊急連絡で来訪した訪問看護師さんが吸引しても、取れませんでした。そのままでは再度誤嚥することを懸念し、午後、医師の指示の薬を持ち、訪問看護師さんが再訪するまで水分も食事も止められていましたが、どんどん熱が上がり、喉の渇きを訴えたために看護師さんの到着を待ちながら、水のゆるいゼリーを少しずつ口元に運ぶと、おいしそうに１００mlくらい飲めました。引き続き薬を飲んでほしくて、エンシュア・リキッドのゼリーを飲ませると吐きました。

嘔吐後、誤嚥してからずっと続いていた咳が収まりましたが、すでに体温は３８・８度になり、誤嚥性肺炎の疑いで夕方救急車に乗りました。

前回入院した病院に申し込みましたが満床で、新設された郊外の系列病院へ入院することになりました。夕方4時半、２つの区をまたぎ、３つ先の区へ搬送するために30分間、搬送許可を待ちました。

2004年11月10日昼食 (水だけ飲用)
朝食でむせたので、水分にすべてゼラチン水溶液を混ぜてゼリーにし、ふわふわテリーヌも蒸してより軟らかくして用意していました。この内、水は飲めましたが、エンシュアを嘔吐しました。
エンシュアゼリー 150ml＝133kcal (6.6g)
水ゼリー100ml＝6kcal (1.5g)
お茶ゼリー100ml＝6kcal (1.5g)
ほうれんそう風味30g＝53kcal (2.0g)
にんじん風味17g＝33kcal (1.0g)
■合計350ml＝231kcal (12.6g)

救急隊は、呼びかけに反応しない母を見て「危なくなったら、最寄りの救急病院に入れます」と宣言しての搬送でした。私は、カルテなどのデータが送信済みの、系列病院のほうが良いと言い張りました。

「カルテのデータが送信されていれば説明が不要です。知らない病院で、母の病歴を話せば最低30分かかり、処置が遅れます。前回入院時の心臓や肺のレントゲン写真もなく、医療方針が間違えられたらいやです」と言いました。たとえとして受け入れを確認して主治医も同乗して、息子が「光過敏」だろうという所見で搬送されたとき、意識不明なのに2時間放置された経験を話しました。そして、ベッドを空けて待っていてくれる病院のほうが安心だとお願いしました。そこまで言ってやっと「そうですね、くるようにいっても、すぐ診てもらえないことは確かにあります…」と、救急隊の隊長さんが言い、指定した病院に運ばれることになりました。

搬送許可を取る間に道はどんどん混み、夕暮のラッシュの中を、サイレンを鳴らし、赤信号を突破しながら走行する救急車の中で、意識のない母を見つめている私は、とめどなく心細くなりました。

一般車なら1時間以上かかる渋滞の中を50分で到着しました。しかし、搬送許可を取るため出発が遅れ、医師の交代時間を過ぎたので、夜勤の医師には伝言が届いておらず、データも行方不明で30分以上待たされ、出発前に待った時間を合わせ、1時間以上放置されたことになりました。

私は息子を救急車で脳外科に3回運んだので、病院が、例え救急車で入っても、テレビドラマのように、すぐ動いてくれないのを知っていましたから、少しでも体調を万全にするため、頭と脇の下、鼠頸部《そけいぶ》を冷やしていました。搬送中に酸素吸入をしたのがよかったのか、病院に到着したときには熱が下がり、意識が戻った母を診た医師に「なにしにきたの？」と、言われて唖然《あぜん》としましたが、「今朝6時半から、食事と水がほとんど入っていません」と話し、入院が決まりました。

処置室で母と静かに医師を待ちましたが、なかなか医師がこないので、先に入院手続きを済ませて病院内を見て回りました。郊外の病院では食事介助には行けません。訪問看護師さんからは「お任せしても大丈夫よ。その病院は、食事をおいしく提供することを心がけています」と聞いた給食室は、ガラス張りで調理場が見渡せ自信たっぷりそうに見えました。

病棟での入院手続きには、家族の要望を記入する紙があったので私は安心し、母はすぐに「いらない」と言うけれど、2～3分すればまた食べることなど、食事中の母の状態を細かく書きました。病棟も前回入院した病院とは比べ物にならないほどゆったり設計されており、４人部屋の各室にトイレと車いす置き場があり、窓が大きく気持ちが良い雰囲気でした。新築なので当然ですが、医療設備のすべてが最新で、どこもかしこもスッキリしていて、母にとって良い環境だと思いました。

退院を目指して

11月の終わりごろには酸素吸入や点滴などの治療が効を奏し、母の体調は安定したように感じられ、退院することを目標に、病院での過ごしかたなどを知りたいと思い、看護師さんに担当医との面談を申し込みました。自分で面談を申し込んだのに、３日後に病院から電話がかかると「すわっ病状悪化か…」と思い、あわてて電話に飛びつきました。母が入院しているということは、毎日はらはらどきどきしているわけです。

電話に出ると、主治医との面談日の打ち合わせ。昼間の面談日を双方の都合で決めると12月８日となり、結構先だと感じましたが「そのころが良いでしょう」と看護師さんが言うので、すぐには退院できない病状なのだと思いながら、同じ日に相談室での「医療相談」を、申し込みました。

入院して1週間目くらいから、車いすに座れるようになり、母が病院にいることを喜んでいたので、食事が食べにくいことを含め「病院側に何か良い考えがあるだろうか」「この先施設的に、何か母が楽しく過ごせる場所が期待できるだろうか」など、多分まだ少しは残っているのであろう母の終末期前の安定期を、できるだけ健やかに過ごせるように相談したいと思っていました。

喜んで食べてもらえる介助法？

入院手続きのときに介護保険証もコピーされたので、全介助の場合は、食事介助に介護保険が使えるのだろうと、思い違いをしていました。

制度の初めころの報道を半端に覚えていたのでしょう。訪問看護師さんの言葉もあり安心しておりましたが、食事についてはお任せして安心なことはまるでありませんでした。前回の病院では、20～30％くらいは食べさせてくれましたから、食に力を入れている新しい病院には、当然、良い食事介助があるものと思っていました。

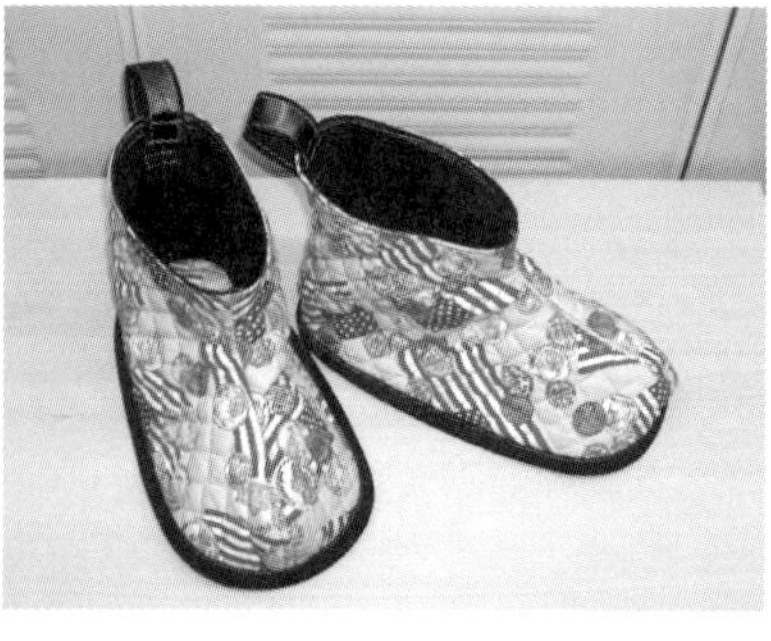

車いす用のキルティングブーツ
母は歩けないので、スリッパを置きませんでした。裸足で車いすに乗せていると聞き、スリッパを届け、大至急友人にブーツを作ってもらいました。
母のように自分で動かせない足に、スリッパをはかせて、車いすのステップに足を乗せるのは危険なので、足を保護して冷やさず、季節に関係なく、夏でも履けるしっかりしたものにしてもらいました。

おいしい食事を作ることは大切ですが、嚥下障害のある患者には、食欲や食べるタイミングを見極める、介助者が必要でしょう。

しかし残念ながら、そこまでのスタッフは用意されておらず、当然、制度上ヘルパーさんも入らないのですから、母が「いらない！」と言えば、それ以上すすめるのは無理強いと判断し、食事が終了したのでしょう。

２００５年10月からの法改正で「経口移行加算」がつくので、食べられない人には、食べられる工夫をして食べさせる努力をするそうです。私は母のように、食べさせてもらえない気の毒な患者が減ることを望みます。

今になって思えば、「食べさせているのに、なんで食べないの？」と思いながら介助をすると、母は食べられませんでした。

「おいしく食べてね！」と言いながら、「食べられたの？　良かったわね！」と、ひとさじひとさじすすめると、案外食べてもらえました。目を見ながら、食べることを一緒に喜ぶ姿勢を持つことで、母は少しずつ食べられる状態になり、本人が「おいしい」と思えれば、「食べる」という行動にスイッチが入ったのでしょう。母を失ってから、とても当たり前なことに気がつきました。

平日の午後の病室

２００４年12月８日午後、担当医との面談。約束の時間より早く病室に行きました。母は、昼間なのに娘がいることを喜び、入院後初めての言葉が出ました。ご機嫌で嬉しそうに次々話す言葉は、小鳥のさえずりのようで、昔コーラスのメゾソプラノだった透明な声が、単語にならないかわいい音を羅列《られつ》するばかりでした。

私が内心驚き混乱しながら、なにを話しているのか知りたくて、聞き返せば母は困惑した顔になり、私がなんとなく相づちを打つと少し不満そうにしながら、それでも不思議な言語で語り続けました。

最近、面会時間の終了ぎりぎりに私が駆け込むと、母は不機嫌でぶすっとした顔ばかりをしていました。入院が長引き母の認知症が進み、家族を認識しても感情が動かなくなり、死ぬまで人形のように無表情なのではないか…と、恐れていた私は少し安心しました。

午後の陽差しの中、林や畑が見える「のどかな病室」で、軽やかな喜びに包まれた母の瞳は、落ち着いて穏《おだ》やかでした。

4章

胃ろう拒否

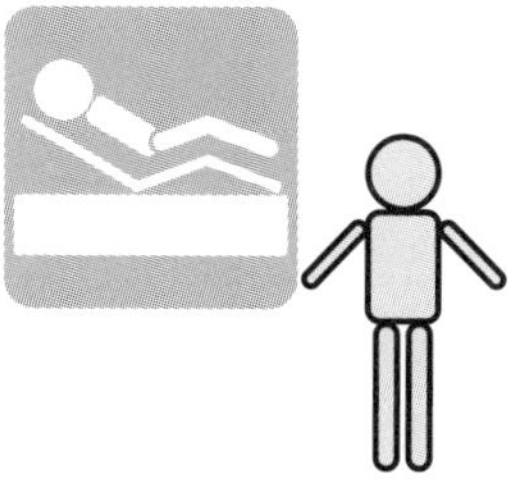

口から水分補給ができるなら
工夫して食べてもらおう
介護者にもおいしいことが大事
おいしく見える工夫をしよう
少量にしてもっとほしくなるように

胃ろう処置を、すすめられる

私がクリエーターという自分中心の忙しい仕事を持たなければ、もっと母に寄り添えた…と、複雑な思いをしながら担当医の来室を待ちました。ベッドの下のキルティングのブーツが、使われている気配がないので、看護師さんに聞くと「それどころじゃありません」と、にべもない返事。6日から脱水症を起こしたので、発熱してからは車いすに座っていないようでした。

約束の時間より40分遅れて担当医が来室し、ナースステーションの中の先生のデスクへ招かれて面談。「今後の大○さんの生活を展望し、ターミナル（終末）までの期間を、医療施設や在宅で過ごす場合、介護者、要介護者がともに楽な道を選ぶため、胃ろう形成術をしましょう」と、いとも簡単に医師の口が動きました。そして母の胃に「1日にエンシュア・リキッドを4缶1000キロカロリー1000mlと、白湯1000ml。総計で2000mlを、1日数回に分けて胃に流し込むことは、食事をさせるよりもはるかに楽なので転院の可能性が出ます。在宅で介護されているご家族もいます」と、丁寧に話されました。

胃ろう処置後の1日分の食事

エンシュア4缶1000ml、1000kcal（35g）と白湯1000mlを、1日3～4回に分けて入れるそうです。母は2004年の3月から1日2缶500kcal（18g）処方されていました。
私は同じ胃に入れるのならば、直接胃に入れるのではなく、やっぱり口から飲む方が良いし、もう母がこの状態から治らないのなら、エンシュアはだんだん減らし、食べられる物を工夫し、普通の食事のように感じられる食卓にしたいと思っていました。

私は、母の安らかな「ターミナルケア」へむけての心構えを聞きたいと考えていたのに、思いがけない主治医の言葉に驚き、「胃ろうをしなければ、母は食べられなくて死ぬのですか？」「つまり母は、すでにターミナルなのですか？　私が連れ帰って母が食べなければ、私が殺すことになるのですか？」不意打ちのように涙がこぼれました。

担当医は、次々と繰り出す私の言葉に一々相づちを打ち「胃ろう形成術はそれほど辛《つら》くないし、お家での介護も楽ですよ」と話されました。それでも拒否をして「家で食べさせる努力をします」と言うと、「胃ろう形成術をしないなら、これ以上病院にいても処置をすることがないので、脱水症の病状が安定次第、即刻退院してください」と言われました。

嚥下食の基準献立がほしい

母は、認知症で半身麻痺、毎日不具合いを諦めているのに、「食を感じない日々」の追加を、私にはできませんでした。

医師が、「もう食べない」というのなら、母が若いときから大切にした「食」を、母のためだけに考え工夫し、食べてもらおうと決心しました。

ターミナルケア

末期にある患者への総合的援助をいう。しかし、末期という概念が確立されていない現在では、その時期を決めることが困難なことが多い。医師が、この患者には治療法がなく軽減する見込みがないと認めた患者に対して、「なにかしてあげなければ」という考えから始まったものである。看護者は、患者の気持や死に直面している者の心理（否認、怒り、取り引き、抑うつ、受容）を理解する努力を重ね、そこから逃げ出さないで、患者および家族とともに直面する事態に対処していくことが必要である。→末期患者

『看護・医学事典』P. 555

栄養に関する知識がない素人が「大切な家族」のため、必死に用意をする流動食は、通常、店舗では販売されていません。手探りで家族の食事と合わせて用意をする介護者にとっては、カロリー計算を含めて負担です。

私は夏頃から母の栄養のとり方が漠然と気になり、手当たり次第に本を読みました。でも、病人食は、当然、個人の嗜好《しこう》や病状別で「これこれの病状ならばこうです」と書かれていても、どれも1日分の献立くらいで、一つの障害に対して1ヵ月分くらい対応する本はありませんでした。まして嚥下障害者には、症状改善の道が考えられないのか、食形態を変える説明ばかりで医療関係者に訊ねても、一人ひとり症例や嗜好が違うから難しいといわれ、旅館の朝食セットのような、「基準食」がほしい私は立ち往生しました。

医療従事者は、素人が偏重《へんちょう》しては危険だと思うのでしょう。しかし、その素人が何の指標もなく、被介護者に営々と食べさせるのです。

せめて身長や体重を基準にしたカロリー数や、総水分摂取量の目安を示したり、心臓病や、糖尿病、腎臓病の場合に気をつけることなど、高齢者の終末期の事例を引いた幾つかのマニュアルをもとに、訪問管理栄養士、訪問看護師の指導があれば、在宅介護者は安心して食事介助ができます。

やわらか野菜のトマト煮込み

2004年8月のある夕食

夏頃までは、市販のレトルト食品の介護食をたまには使い、ヘルパーさんに母の夕食を頼んで外出しました。ホームページで購入した白十字株式会社のレトルト食品です。

＊嚥下障害が進んでからは、母にはこの量は多く、半量も食べられませんでした。

やわらか野菜のトマト煮込み＝110kcal (1.4g)
ご飯100g＝148kcal (2.6g)
ぶどう100g＝50kcal (0.3g)
■合計308kcal (4.3g)

栄養所要量に関しては、私には日野原先生ご指導の身長を基準にして導き出す数値が、一番しっくりしました。

しかし、計算式をたてるときに、寝たきりの母の身長に「安静にしている人や老人」の係数をかければ、母の標準体重は44kgとなり、体重維持に1153キロカロリー（基礎代謝は691・8キロカロリー）必要です。また、母の体重の34kgを基準にすれば、体重維持に、993キロカロリー（基礎代謝は595・8キロカロリー）必要となるのです。

それで、これまで3人の医師から、1日1000キロカロリー食べることをすすめられ、今回の退院に際し管理栄養士さんからは「体重を標準体重に戻すことを目標」にと、1200キロカロリーをすすめられたのでしょう。母は「老人」には違いないのですが、歩けないし寝たきりで、やっとテレビを眺《なが》めている生活ですから、基準値が間違っていたのです。

退院した母が、「一生懸命食べても、700キロカロリー前後しか食べられません」と、訪問看護師さんや主治医に報告をすると、異口同音に、「日野原先生が700キロカロリーとおっしゃっているから、それで良いのよ！」と言われました。

基礎代謝　basal metabolism：BM

前日の夕食後12～18時間経過し、翌朝の朝食をとらずに静かに仰臥している状態で消費されるエネルギー（カロリー）。生命維持に必要な最小限の動作、すなわち心臓の拍動、呼吸運動、体温の維持、腎臓の基礎的な動きなどに必要な代謝で、50kgの人で1日約1,200～1,500kcalである。後略。

『看護・医学事典』P.185

初めから700キロカロリーと知っていたら、標準体重に見合った、たんぱく質や緑黄色野菜、果物、海藻をとり、砂糖、油脂、穀類を減らせば良かったのでしょう。穀類をもっと食べてほしい…と、ずいぶん強迫観念がありました。それに、高齢者の心臓病、腎臓病など循環器系の罹患者《りかんしゃ》の総水分摂取量について、門外漢の私が調べられる範囲では文献がありませんでした。病態に合わせた数字の指導がほしいと思いました。

頻脈ですぐ肺炎を起こす母の心臓に、過栄養、過水分は、物理的に考えてもポンプがどんどん動き血流が多くなるわけで、肺から余分な血がじわじわ浸み出して肺炎を起こすのは当然でしょう。母を亡くしてから、人間の身体を、生き物として冷静に考えたら当然だと思いました。

介護食関連書籍を読んで

母が退院するまでに、なんとしても嚥下食の献立の目安がほしい私は、介護食関連の書籍を探し、森山喜恵子著『介護食宅急便—離れていてもできる食事の世話』（文化出版局）の、1週間分の献立を見て、「こんなに細やかに気を配ることは、私にはできない」と思いました。

しかし、食コーディネーター・管理栄養士という職業の方が、在宅介護をする高齢者ののエネルギーの目安を、どのように計算されるのか気になり、結婚1ヵ月後から同居をしたお義母様を96歳まで6年間、職を辞して在宅介護をされた記録、『介護お助け本』（三一書房）を、読みました。

母と同じように心臓病のあるお義母様との生活を、「介護の一番の仕事はお食事」と書いておられ、1日の総水分摂取量は1800ml～2000mlと、書かれていました。森山先生の小柄なお義母様は最期まで歩いてトイレをお使いになり、ご自分の歯で召し上がれ、ご家族の介助で入浴もなさり、母の寝たきりの状態よりずっと運動をしておられましたが、本に2ページだけ掲載されていた献立は、700キロカロリー前後でした。

このページを見て、日野原先生の計算式で、身長から計算した母のエネルギーの目安は、887キロカロリーなので、寝たきりの母には、お義母様と同じ700キロカロリー前後でよいのではないかと思えました。

もしも、1日のエネルギー量が700キロカロリーでよいなら、食事がとても楽になるので素晴らしい朗報でした。森山先生の小柄なお義母様の献立についてお訊ねしたくなり、先生に手紙を書きました。

母の間食230kcal

再入院前、総カロリーが入らない母に、好きなお菓子で補おうと努力しましたが、これだけ食べるとお腹がいっぱいになり、次の食事が遅れ、日に日に1日中食べていなければ、1000kcalとれなくなりました。
1日700kcalでよければ、これでほぼ1食分のカロリーです。この量が3回なら、母も私もとても楽でした。
終末期の患者の総カロリー量は、個人の状態に合わせて、医療者が適切に指導する体制がほしいと切望しました。

ありがたいことに２００４年の年末、前日講義を終えられて、冬休みに入られた先生にお目にかかれました。

先生は「お好きな味を食べていただけばいいのよ。昔からのお味を大切に！　お菓子だけの日があってもいいのよ。食べてくださることが大切！　おいしくないものは、食べてくださらなくて当たり前です。頑張っちゃダメよ、のらりくらりよ！」と、話してくださいました。

私は先生にお目にかかれたことで、母の食事内容について、肩の力が抜けて安心し、母の退院後の食事を用意する意欲がわきました。

低栄養、免疫力なし

担当医と面談をした頃、母の胃に毎日入っていたのは、食事総量の10％とエンシュア1缶。水分はエンシュアを含めて３００～４００ml。まったくの栄養失調で水分不足。点滴での水分補給が不足だったらしく、脱水症になり発熱。その後風邪に感染し酷い咳に苦しみ、２回も発熱しました。

母が水分を飲んで排泄する量を管理するために、12月18日から尿道に管が入りました。あれあれと思いましたが「退院準備のうちだから安心するように…」と看護師さんに言われ、「そんなに、心配されることではないですよ」とも言われましたが、排尿量が毎日200～300mlなのが気にかかりました。年末の退院を考え、20日にケアマネさんの事務所に行き相談すると、「年末年始の介護サービスは30日から3日まで休業で、その間は医師も訪問看護師さんもお休み。在宅介護では緊急管理ができず、リスクばかりが高くなるでしょう。また、入院していなければ年末年始の巡回サービスの予定もとれたでしょうが、年末は病院にお任せして、お互いにゆっくりしましょう」と言われ、退院は無理だと知りました。

日々思い悩み掲示板に書き込んだ内容に、介護のお仲間から、返事の書き込みをいただきずいぶん励まされました。

病院で、すでにターミナル？

ホームページの情報で知った肺炎球菌の予防接種と、インフルエンザの予防接種を「退院する前に」とお願いしておいたのが、やっと29日までに終了しました。これで在宅介護で一番こわい感染が少しは安心になり、お正月明けに退院できる体勢になりました。

肺炎球菌の予防接種

ホームページのお仲間からの知識で、担当医に訊ねました。「ご家族がご希望ならば、打っておいた方がよいでしょう。」との答えで、お願いしましたが、最近の医療現場の考え方は、肺炎は高齢者の友で苦しまずに死ねるとの見解があるので、医師からは勧めないようです。しかし、風邪もひきにくくなるそうで、母の２度の入院は風邪を引いたことが引き金になっているので、苦しいめにこれ以上あわないように、接種をお願いしました。

インフルエンザの予防接種

高齢者には行政から補助が出て、接種費用が安くなります。母にも主治医が往診時に接種をする予定でしたが、少し風邪気味だったために接種できず、問診票を病院に預け、退院するまでの体調の良いときに、接種していただくように依頼しました。

母はいろいろな意味で安定したと思っていたのに、何が起きたのか年末から年明けにかけて、200を超す頻脈になり発熱しました。嘔吐も頻繁に起こした模様です。暮れに退院できなくてよかったのだと、内心胸をなでおろしましたが、食事のとれていない2ヵ月間の入院生活で、母の身体はとことん壊《こわ》れたのだろうかと不安になりました。

1月5日6日と具合が悪く、我慢強い母にしては珍しく6日の夜、弟に「帰らせて…」と言ったそうで、「もしかしたら二度と家に帰れないのかしら？ このまま病院で亡くなるのかしら？」私の体中を絶望感が占領し、悲しみがあふれました。「私にできるのなら、家で看取ってあげたい」と初めて心の底から強く思いました。

それまでの私は、家で自分だけで看取る状態から半分逃げており、母を私の稚拙《ちせつ》な介護で、目の前で死なせるのがこわかったのです。

それに、入院2週間後に病状が安定したころ、母と私の夢だった車いすへの移乗がかない、母の喜ぶ顔を見て、このまましばらく病院にいて車いすで暮らせる時間が長引けば、母の中の社会性が満足し、人として良い状態に戻れる気がして、積極的に退院を選べませんでした。

しかし、入院期間が延びるに従い、病院での医師、看護師さんの母への扱いがぞんざいになっているように感じ、生への回帰よりも、日ごとに、死出の道を歩きだしたような気がして、不安感がつのりました。

昨夜のようすを弟から聞き、「やっぱり病院で、このままお別れになるのかしら？　家に帰って、環境が変わるほうが苦痛じゃないだろうか？」と、私が苦しく思っているところへ、病院からの電話で「今日（7日）か明日時間を取ってください」と、担当医からの伝言がありました。昼間予定があった私は、先生の夜勤を聞くと今日とのこと。「今夜行きます！」と即答し、いつもの面会時間に面談をしました。

本当に、食べられますか？

「大○さんは、もうほとんど食べられません…。来週退院にしましょう。あなたは、何か食べさせられる自信があるのですか？」と、改めて真顔で聞かれました。

この夏、友人の親ごさんが2ヵ月の点滴生活を過ごしてから、食べられ

口腔ケアを大切に

良い口腔ケアをすると、食欲を取り戻すことが知られています。また、37度前後に保たれる口の中は、微生物の安息地。微生物を含んだ唾液や食物が、誤嚥により気管支や肺に流れ込めば、誤嚥性肺炎を起こしますから、母も毎日病院で、口の中をお茶で湿した不織布のガーゼで拭かれていました。
歯茎だけの口ですが、家では、なかなか拭かせてくれないので、入院するまでは水を含ませて、吐き出すようにしてもらいました。

口腔ケア

口腔ケアとは単に口の清掃をして、虫歯や歯周病を予防することではありません。口が行っているすべての機能（食べること、しゃべることや見た目など）を維持、向上するための口のケアととらえてください

『完全図解新しい介護』p. 92

るようになったと聞いていたので、本人が食べる気持ちがあれば、食べられるだろうと信じるよりない私は、「お菓子からでも食べてもらいます。病院で、エンシュアを毎日1缶飲めるのだから、エンシュアと好きなお菓子でも組み合わせてぼちぼちしてみます。食べられると思いますよ…」と言うと、重ねて「お菓子だって何だって食べられればいい。大○さんは本当に食べられますかね…」と、怪訝《けげん》そうな顔をなさいました。

そのときの私は、食事介助費が認められない制度では、給食室から療養に値する食事が出ても、摂食障害という食べられない病気に対して「病院として食べさせる工夫をしにくい」ということを、知りませんでした。後に、「食べさせる工夫や努力は、医療行為から抜け落ちている」という報道に出合い、在宅で、家族が工夫するよりなかった現実を理解しました。

ホームページで見る先駆的な施設では、最近の高齢者医療は褥瘡予防と並べて、口腔ケアを取り上げていましたから、診療項目に口腔ケアがある新築されたばかりの病院は、食物反射を考えているからこそ、食に自信があり「お任せしても大丈夫なのだ」と、私は思い違いをしていたのです。

担当医の質問に私は茫然として、「食べさせる研究はしなかったの？何の努力もしないで、人生に一番大切な食生活を取り上げるというの？」と、疑問が湧きあがりました。しかし、医師の真剣な目を見て、これまでの医療現場では、患者が物理的に食べられない以外は、食事は患者自身が食べるもので、本人が食べないのなら、もう口から食べられないのだという、高齢で認知症の母の置かれた立場を見た気がしました。

そして、再入院する場合や、施設への入所を望んでも、誰にも食べさせられない状態では無理だから、母と私を思い、「胃ろう」に活路を求めるのだろうかと、担当医の顔を見ながら涙がこぼれました。

母は1ヵ月前に食事の10％を食べていると聞き、さらに1ヵ月を過ぎたこの日にも10％食べていると聞きましたから、私は「毎日10％だけを食べさせる介助なのだ」と感じました。

気を取り直して、管理栄養士さんにお願いしてある栄養相談の申し込みを、担当医にすると「栄養相談は、普通糖尿病などの医療食が必要な患者用なので、食べられない大○さんの場合は…」と渋るので、「医療相談の時に相談員に申し込んで、退院後、母に食べさせたい嚥下食とエンシュアのバランス、エンシュアの栄養成分を教えていただくことになっております。相談できないと、ほかの食品との組み合わせなど献立を作るのに困ります」と話し、やっと手配してもらえました。

しかしほとんどの人々が、終末期に食べる可能性のある嚥下食は、医療食として考案するものではなく、「ミキサーで、咬まずに食べられる形状にしている」だけだとわかり、今さらながら驚きました。

母の嚥下食に悩み、動物性たんぱく質のとり方の工夫をしていたところ、環境保全のことでお会いした方から、魚のすり身の「流動食」をおあずかりし、母が試食をしました。指示どおりにおかゆに混ぜたら、母が嫌いなおかゆにすぎず喜びませんでしたが、調理者としては手軽でした。

その数カ月後、形のある蒲鉾や伊達巻などに見える試作品が完成し、母のおかゆにのせたら、とても喜んで食べられたので、刻み食や流動食だけの日々に、形が見える食べ物がいかに大切かを知りました。

嚥下障害者の栄養確保に、エンシュアはありがたいのですが、母は味を嫌いました。前回の退院時、医師の処方にエンシュアがなく、看護師さんに指示された外来で「厚労省が処方に神経をとがらせているから」と言わ

練り製品の形の嚥下食

だて巻き風味／30g＝73kcal（2.8g）
紅白蒲鉾／20g＝42kcal（1.7g）
80kcal食べるのに、蒲鉾なら2枚、だて巻き風味ならば1枚で90％分になります。
魚の良質な「たんぱく質」が、手軽で高カロリーな嚥下食として製品化され、母の食卓に間に合ったことは、私と母にとってラッキーでした。

れ、入院病棟に容態を問い合わせ、やっと処方されたので、薬物に依存している不自然さに気づきました。そのとき以来私は、母がおいしく食べられる嚥下食の献立と、その栄養構成を詳しく知りたくなり、母を送るまでに、何回かお世話になる可能性の高い病院で、管理栄養士さんにも一緒に考えてほしいと思い、ふわふわテリーヌの栄養成分表を渡し、エンシュアと合わせた「1日の献立」と、栄養バランスの説明をお願いしました。

インターネットの情報

私は仕事柄、取材に出ることが多く、訪問先の地図や道路情報、列車案内、施設の内容などをホームページで調べます。

重宝するのは、執筆の参考にする記事や書籍を、時間に制約されず自由気ままに検索できることです。特に専門書や医療関係の書籍は、大きな書店でしか見つけられず、内容も知らず、出版社や書店に注文するのは不安です。ホームページでまず検索し、手近の図書館で内容を確認してから、ホームページ上の書店に申し込むと、1500円以上の書籍ならば手数料無料で、2~3日後にコンビニエンスストアに届き、現金でも支払えるので気軽です。この本の購入方法は、家事と仕事に追われて外出しにくい私にはとても便利です。しかしメール送信などは、先方が見ていないこともあるので、電話と併用するなど注意が必要です。

私は、多くの在宅介護関連のホームページから、「要介護5」の母に必要な情報を発信しているページに出合い、同じ悩みを持つ方々から、たくさんの意見がいただけ、自分1人で悩んでいた状況から救われました。

1月9日夜9時、いつもなら1日の後片付けや翌日の昼食の支度をしながら、テレビを見ているか、パソコンの前で、メールチェックをしている時間でした。しかし、ケーブルテレビの不具合で、半日以上インターネット関連が工事中になり、メールチェックもホームページの掲示板への書き込みもできず、息子の受験勉強につき合っていました。翌日、掲示板を開くと、前夜のテレビに「高齢者の食についての番組」があり、母のために、たくさんの方々からの意見が書き込まれていました。また、詳しい番組情報のメールもいただきました。日々このような生きた情報に助けられて、母を迎える気持ちが軽くなりました。次に「高齢者の食について」の書き込みの中から代表的な内容を、発信者の許可を得て転載しました。

テレビ番組「食べて治す」を見た人々

そばさんのホームページの掲示板

● 昨夜のNHKスペシャル

投稿者：そば　投稿日：05年01月10日（月）20:10
「食べて治す・患者を支える栄養サポートチーム」という番組を偶然、見た。

そこには、脳梗塞《のうこうそく》の後、点滴のみの治療で、痩せてしまったおじいさんが、飲み込む訓練をして、少しずつ、少しずつ、普通食に戻ってゆくようすが映っていた。

パパと2人で見ていると、おじいさんの表情が、どんどん豊かになってゆき、最後には、「ありがとう」という言葉が出るまでに回復したおじいさんが退院してゆく・・・・・　いろいろな思いが、湧き上がったな・・・

去年のちょうど今ごろは、ばあちゃんは何度も体調を崩して、私は、そばを離れられないでいた。買い物をする時も、小走りで、とにかく心配だった。

そんな血相を変えている私に、親戚の方がこういった。

その方も、長年、寝たきりの姑を看ていた人だ。

「どんなに、気を張り詰めていても、そう死に目に会えるってもんじゃないんだよ。私もそうだった。でもね、死に目に会えなかったよ・・

１人で逝っちゃったよ・・そういうもんだよ・・・」

その時、その話を、「ふ〜ん」といった感じでしか、聞けなかった。

でも、自分も結局死に目に会えず、夜に爪を切るのをかたくなに拒んでいたパパ(親の死に目に会えないというジンクス)も結局、死に目に会えなかった。
・・・・そういうものなのかな・・・・

徳永進 著『死の文化を豊かに』（筑摩書房）流にいえば、ばあちゃんばんざーーい！あの世に行けて、ばんざーーい　　というべきだな・・・
あれこれ、思うより、ばあちゃんは、がんばって、逝ったんだしな。
数日前からとっても寒くて、ばあちゃんが使っていた室内履きを自分で履いてみた。あったか〜〜い

次ページへ続く

前ページよりの続き、そばさんのホームページの掲示板

▲【返信コメント1.】 食べることは基本・・・

投稿者：がうら　投稿日：05年01月10日（月）20:42

テレビは見ていなかったけれど、食べられるということは、すべてのての基本なんでしょうね・・・母もいろんな制限があるけど、食欲はなくしたくないなって思うんですよ。まだ、本人は食べる意欲はあるから・・・

朝一番に母の部屋をそ〜っとのぞきます。しかめっつらで寝ているときもあるし、まったく表情がないときも・・・そ〜っと、顔を近づけてみるの(笑)そしてほっとするの(笑)　知らないでいたらどうしよう・・・なんて。

無事？一生を終えるということは大仕事なんだって思うの。私の行く道でもあるんだけど・・・誰もわからないことが一番いいね。

▲【返信コメント2.】 食欲

投稿者：そば　投稿日：05年01月11日（火）13:03

がうらさん　こんにちは　お母様、まだまだ食欲旺盛なんですね〜
なによりです。
ホタルさんのふわふわテリーヌの掲示板で、おいしそうな、お母様の食事を見せてもらってます。お母様、お幸せだなぁ〜　そう思いました。

▲【返信コメント3.】 NHKスペシャル　再放送のお知らせ

投稿者：そば　投稿日：05年01月11日（火）13:06

NHKスペシャルの「食べて治す〜患者を支える栄養サポートチーム〜」
再放送があるそうです。11/12(水)午前0:40〜1:32（深夜の放送です）
放送の内容なのですが、今、日本の医療は、点滴に頼りすぎている・・・
それを見直して、早いうちから、食事を始めることによって、回復が早まるというような内容でした。
私自身・・ばあちゃんが、点滴、絶食の間に、どんどんやせてしまい。見て

次ページへ続く

前ページよりの続き、そばさんのホームページの掲示板

いるのが本当に辛かった・・なにか、口から食べさせてあげたいけれど、それを、やんわりですけど止められて、どうすることも、できずに、ただ、見ているだけの、数ヵ月を過ごした経験上・・

これを見て、看護師さんに止められても、ぺろぺろキャンディーや、プリンぐらい、最後に口に入れてあげればよかったなぁ・・と思いました。
後悔しても始まりませんけど・・・

▲【返信コメント4.】 お知らせありがとう〜〜
投稿者：がうら　投稿日：05年01月11日（火）16:12
お知らせいただいたけど、多分夢の中・・・でも、雰囲気はそばさんのコメントでわかります。

振り返ると誰でもあのときこうすれば・・・ということはありますよ。あまりくよくよしないことだと思っています。そばさんより私のほうが振り返る部分が多いから〜〜　子どもだってもう1度育てたいなあ〜なんてね(笑)

おばあちゃんも母も幸せだと思いますよ。だって、考えてくれる人がいるんだもの。亡くなっても、おばあちゃんの存在は大きそうです。ネ！

▲【返信コメント5.】 考えてくれる人がいる
投稿者：そば　投稿日：05年01月13日（木）09:43
ほんとうですよねぇ・・

考えてくれる人がいるって、うんうん納得です。

子育て・・後悔しないようにしなきゃなぁ・・・
と思いつつ・・今朝も「こぉらぁ〜〜〜」と小噴火した私でした。へへ

次ページへ続く

前ページよりの続き、そばさんのホームページの掲示板

▲【返信コメント6.】 今頃の書き込みでごめんなさい。

投稿者：ケメコ　投稿日：05年01月14日（金） 14:43

そばさん　再放送の情報までのせてくださって、ありがとうございました。ビデオの調子が悪くて予約できなかったので、夜中に見ました。見事に途中から居眠りしちゃって、気がついたら２時半。トホホ

でも、なんで食べることが大事かっていう根拠がわかって、収穫ありでした。小腸の中にはじゅう毛がびっしり生えていて、免疫細胞が集まっている。そこを食べ物が通ることにより免疫細胞が活性化し、全身にめぐって免疫力をアップさせる。長期の点滴で腸の中を食べ物が通らないと、じゅう毛が細かくなって機能を果たさなくなってしまう。

また、点滴でのカロリー量とか計算されていなくって、栄養不足になっているケースが多い。日本では、この栄養サポートチームのような取り組みが、一般化されておらず遅れている。そんなことを言ってたように思います。

病院では家族の意向よりも、医師や看護師さん主体に物事が運ぶから、家族は口から食べさせてもらいたくても、肺炎なんかのことを言われると、押し通せなくなっちゃうもの。仕方ないね。できることなら経管栄養とか胃ろうではなくて、口から食べさせてあげる期間をなるべく長くしてやりたいなあ。


私もあのおじいさんの表情が変わっていくようすに、感動しました。

まだ、うちは軟らかめの普通食を同じ食卓で食べられているから、感謝しなきゃいけないね。

でも、すぐに食べるのを止めて箸も茶碗もテーブルに置いてしまうから、なだめたりすかしたり。過食で何回も食べたがり、おばあちゃんの「おやつごはん」なんて、からかってたころが懐かしいです。

今後役立ちそうなことを、あれこれノートに書き溜めています。

そばさんから教えてもらったことも書いてあります。果歩さんのところで見た、手袋２枚重ねとか、そばさんのホームページで見た介護の工夫とかも書いてありますよ。

これからも無理のない範囲で、情報提供なんかもよろしくお願いしますね～。

そばさんのホームページアドレス

http://www.h5.dion.ne.jp/~baatyan8/
そばさんは宮崎在住。ご主人と切り盛りする根昆布の入った、お酢のホームページはhttp://www.h6.dion.ne.jp/~suiroiro/です。
まだ30代、とてもお若い。要介護5、脳梗塞性認知症のお義母様を在宅介護し、吸引装置で痰を吸引し鼻から経腸栄養を入れるという難しい介護をされていました。お義母様は昨年の6月に入院され、鼻腔からの経腸栄養を受け続けて11月に亡くなられました。母と同い年のお義母様に、母の姿を重ねていつも参考にさせていただきました。そばさんは結婚するまで、調理師をされており、お料理の上手な方で「在宅介護の輪 栄養研究会」のお仲間です。
ハンドルネームの「そば」は、愛犬の名前。男の子3人のお母様です。

がうらさんのホームページアドレス

http://www.paw.hi-ho.ne.jp/gaura-karen/
がうらさんは、愛知県在住の方。要介護5、糖尿病で週3回透析をされている82歳のお母様のお食事介助にはいつも頭が下がります。「在宅介護の輪 栄養研究会」のお仲間です。暮れからお正月に掛けて「管理人」の私が、新しいお食事のレシピなどを構築できないでおりました「ふわふわテリーヌ」を思いやってくださって、画像掲示板に、ふわふわテリーヌを使ったクリスマスやお正月のお料理をアップしてくださいました。がうらさんの思いやりにいつも助かっています。

ケメコさんのこと

http://www13.plala.or.jp/ikujitokaigo/taikenkikemeko.htm に育児と介護の体験記があります。ケメコさんは長野県在住。[育児と介護の両立を考える会]のメンバーで、そばさんの掲示板でお会いする方です。
結婚後29年同居されておられる82歳のお義母様は、脳出血から認知症を発症され要介護3。介護保険などない時代に、認知症のお義母様を在宅で介護されながら、お義父様の膠原病、肺癌、肝臓癌の併発による入退院のご介護をし、13年前お義父様のご希望に添い、亡くなられる前の20日間を在宅で看取られました。現在、ご主人は海外単身赴任中。

介護以外のホームページの反響

北国tv[そこはかとなく…よしなしごと]

●NHKスペシャル「食べて治す」を見て

投稿者：ぞうさん　投稿日：05年01月09日（日）23:53

今日はNHKスペシャル「食べて治す・患者を支える栄養サポートチーム」を見た。

入院患者の食事方法、栄養状態を栄養サポートチーム（医師、看護師、薬剤師、栄養士など）を組んで改善し、患者の回復を早めようとする試みである。
#バクバク食ってる肥満患者のダイエットの話ではない。(^_^;

現在の医療現場では、患者の栄養状態を把握している医師、看護師は少なく、1日で必要な摂取カロリーを十分にとっていない患者も多いようである。（当然、患者は弱っていく）また、栄養摂取が不十分な状態で強制的なリハビリを行ってもなにをかいわんやである。

筋肉をつけるためのリハビリトレーニングをやっても、筋肉をつくる栄養が不十分では筋肉などつくわけがない。またトータルの摂取カロリーが少なければ、リハビリトレーニングするたびにエネルギーを消耗し患者はやつれて弱っていくばかりである。（つまり理学療法士だか作業療法士だかはそういうことも考えずにリハビリトレーニングをやってるだけじゃゴミクソだということだ。）


また、本来の口から胃、腸へと食べ物が通過することによる栄養摂取方法は免疫機能を活性化する働きがあり、点滴による単なる栄養補給では得られないものがあるのだそうだ。

いつも思うが人間の体というのはよくできている。ようは食えなくなったら人間おしまいみたいなもんである。（食べられない病気のかたもいらっしゃるのはわかっているが、そういうかたをどうこういってるわけではないのでご勘弁。(^_^;)

このことは私の身近なできごとからも理解できている。

次ページへ続く

前ページよりの続き、北国tv[そこはかとなく…よしなしごと]

一度は点滴、流動食だったが今ではまた口からものを食っているうちのばあちゃん(父方)はまだまだ長生きしそうである。(現在101歳)

一方、もともと食が細かった母方のばあちゃんは、入院してからもどんどん食べなくなり、最後は点滴さえも入らなくなり昨年亡くなった。

悲しいけど、これが現実である。

また、これだけ重要なことがわかっていながら、この栄養サポートチームの取り組みが行われているのは大都市部の一部の病院に限られ、北海道にいたっては、札幌近郊のみ、旭川でようやく検討中、さらに地方にいたっては何もなされていないというおそまつな現状である。

それはなぜかといえば、話はたぶん単純で栄養管理には国からの報酬もなく、医療現場においても、勤務内容が実質増やされるためスタッフからも反論が多いのだそうだ(アメリカでは 制度も栄養管理士の身分もちゃんと保障されているらしい)。

このことも、わたしのふたりのばあちゃんの差であることは明白である。

地方の病院では、老人は長期入院したら最後みたいなもんである。どんどん弱らされて、最後は衰弱死というのがほとんどではないのだろうか?


だが、栄養サポートチームを立ち上げた病院ではどうなったか。

実は病院側にも以下のメリットがあるのだそうだ。

▽入院期間が短縮
現在の医療報酬制度では、入院期間が短いほどより多くの報酬が得られるのだそうだ、また退院がはやければ、ベッドが空くため次の入院患者を早く入れられ、結果的により多くの患者をみることができる(つまり収入も増える)のだそうだ。つまり収益はよくなっているという。

▽院内感染減少
これは、口から(もしくは胃から)食べることにより、患者の免疫システムが向上するためだそうだ。

次ページへ続く

前ページよりの続き、北国tv[そこはかとなく…よしなしごと]

▽栄養管理の成果
これは、ひとつは栄養改善により患者の床ずれなどが減少するということだったかな。患者の回復が早いというのもあるな。(他にもありそう)

でだ、国にはきちんとした制度を作ってほしいのと、医療現場では地方までも含めて体制づくり・システム整備を行ってほしいというのが、私の願いである。

入院してどんどん弱っていくのではなく、元気になって退院していく患者が増えてほしいと思う。

ただ、私自身はというと無駄に長生きなんてしたいとは思わない。生きているということにはまた別な意味もあるのだからして…。

—追記—
05年02月02日
NHK SPECIAL HOME PAGE(http://www.nhk.or.jp/special/)の放送記録、問い合わせメモ内に書かれていた関係団体のサイト

日本静脈経腸栄養学会　NSTプロジェクト情報
(http://www.jspen.jp/NST-project.html)
日本栄養療法推進協議会
(http://jcnt.jp/html/index2.html)
PEG-胃瘻による栄養療法
(http://www.peg.gr.jp/)

北国tv[そこはかとなく…よしなしごと]と、管理人のぞうさんについて

北国tv「そこはかとなく…よしなしごと」は、介護のホームページのお仲間、るんるんさんが検索をしてくださった、NHKの番組について書き込まれていた介護以外のホームページで、以下のURLで発信しています。
http://ch.kitaguni.tv/u/1003/%ba%a3%c6%fc%a4%ce%b0%b0%c0%ee/0000171063.html

「北国tv」の中の「チャンネル北国tv」というWeblog(ブログ)サービスのユーザーのお一人、「ぞうさん」が管理する「そこはかとなく…よしなしごと」には、日々のニュースやテレビ番組に関して、意見が書かれています。

北国tvは、北海道を「見て」「食べて」「読んで」「考えて」「知って」、そして、楽しむために発信されているサイトです。

ぞうさんのページは、私たちのように介護のことが主題なページではないので、いろいろな方にご覧頂けるので良いなあと思い、私も母のことを書き込みました。言語聴覚士の方や、リハのお仕事の方も書き込んでおられます。人間の暮らしの基本は衣食住。食を大切に思う私は、「オホーツクの蟹はお任せ!」というネットショップのある「北国TV」をお気に入りに入れました。

るんるんさんのホームページアドレス

http://auncafe.com/
るんるんさんは京都府在住の方。満93歳のお姑様と同居をしています。
昭和初期に女学校を卒業されたお姑様は、英語が堪能で今でも辞書を手元に置かれています。立ち居振る舞いや人となりが母と重なり、るんるんさんが書きまくる「お姑様のお言葉録」にはお嫁さんなら怒るだろうけれど、ご本人は悪気など一つもないことを思い、ついついお姑様びいきになります。
るんるんさんのホームページは、「同居したことをひたすら嘆いても仕方がないか(^。^;)フウ!」と、毎日起こる数々のお嫁がブチ切れそうな出来事を日記にまとめて発信されています。義理の親ごさんを持つ皆様の憩いの場です。

病院でも食べられないなら、家で食べよう

入院生活に対して家族の希望を記入する用紙があり、〔座るためのリハビリをしていますから病院でもお願いします〕や、〔食べることに対しては拒否感が強く、食べ始めるとすぐ「いらない」と言いますから、少しずつ時間をおいて、だましながら食べさせると、なんとか必要量は食べられるのでお願いします〕などと、詳しく書きました。

母は入院中、日々点滴を受け、食事総量の10％を食べていたそうです。母が、「いらない」と言えば介助者の手が止まり、しばらく時間をおいてもう1度食べさせ、再び「いらない」と言えば食事が終わる…というくらいの量でしょう。後は1日中かけて、看護師さんが「とろみ剤」でドロドロにしたエンシュアを1缶分食べさせていたのでしょう。これまでの2回の入院前、「母が死ぬかもしれない」という恐怖感があっても、「入院して医療処置を受けられる」安心感がありました。しかし今回の入院で、つくづく「病院は、食べることを助けてくれない」と知り、一生懸命食事を作り、母の身体の「生き物」としての食べる力を呼び起こし、なにがなんでも食べてもらおうと決心しました。

とろみ剤

水分補給のお茶、薬を飲む水やエンシュアにそのまま混ぜてとろみがつく「とろみ剤」を、看護師さんに要求され、介護ショップで購入して届けました。店頭で見かける商品は1種類。飲みにくくて、病院の栄養士さんが「まだましです」とすすめた商品は、通販で5千円～1万円近い単位の取り寄せでした。
介護関連商品は、見比べられない場合が多く、とろみ剤は嚥下障害者には命を保つもとです。病院で使っている製品を、申し込み制で分けるなどの、便宜が欲しいと思いました。

5章

在宅介護に戻そう

家族の生活を変えない在宅介護を目指そう
社会の手とはよく話し合おう
家族の希望を、関係者に全部話そう
できないことを頼み、できることをしよう

在宅介護の基本は普通の生活

母は夫に仕え、子を愛し、孫を慈《いつく》しむ人生でした。実際、認知症になってからもよく私をサポートし、そこにいるだけで安心が得られました。だからこそ、娘から見た母の「好き嫌い」や「生活への望み」ではなく、母本来の嗜好を、認知症になる前に聞けなかったことを残念に思いました。

母が寝たきりになってからは「身体が動かないならば、生きていても仕方がない、何の役にもたたない」と際限もなく訴えることが悲しく、母の食事をとれない絶望感に思い至らず、「命をつなげたい」という気持ちばかりが先走り、母の心に添って癒《いや》せなかったと今になって思います。

母は入院すれば「患者」ですが、家にいれば一個人として暮らせます。私は母のために、できる限り普通の生活を心がけていましたから、国の高齢者医療の基本が「在宅介護」へ移行する施策に、不満はありませんでした。しかし、在宅介護者への情報は少なく、家で普通に暮らしたくても立ち往生し、孤軍奮闘する介護者が多いと思います。

突然始まり、やり直しのきかない「在宅介護」を支える社会の手は、仕事をしやすいことを先行させるのではなく「被介護者」を受け入れている家族や介護者が、できる限りそれまでの生活を維持できるように、ケアマネさんや訪問看護師さんに、確実に相談できる体制を確立し、平成15年度から試行された「第三者評価による介護サービスの質の確保と、利用者への事業所選択に有用な情報の提供」を、果たしてほしいと思います。

誰かを介護する生活は、自分の身に降りかかるまでまったくの他人事であり、できれば体験したくないと思っている人が多いでしょう。しかしそれでは、いざ自分の番がきたら途方に暮れます。老いは怪我や病気とは違い、誰にでも等しく訪れます。年長者の家族があれば、明日から介護の仲間入りをするかもしれません。

社会を構成するすべての人々が、心の中で準備をしていれば、公共施設などの設計に、バリアフリーなどと言わずとも、階段を登らなければエレベーターホールに着かない劇場や、施設はありえないでしょう。私は在宅介護という暮らしを体験し、普通の生活の大切さに改めて気づき、次世代にも深く考えてほしいと切実に思いました。

私ができることは僅《わず》かですが、デザインを学ぶ次世代に細密画の指導をするときに話し、社会に出たら僅かでも実行するよう頼み始めています。

気持ちよく暮らす準備

退院をする母に、どんな食事をどのタイミングで出せば、母の命を繋げるか想像もつかず、ほとんど発狂せんばかりに緊張し、1分1分を大切に思っている私に、母がベッドに休んだ直後に新しいケアマネさん、翌週初めに訪問看護師さんの交代による「顔合わせ」の予定がありました。

「面談？　私たちの都合じゃないのに、こんなに大変なときに単なる引き継ぎの時間をとるのはひどい！」と不愉快になり、黙って受け入れたことで、母との大切な時間を無駄にしたと、今は反省しています。

連絡を聞いたときに「母は病院だから、在宅介護に関わる相談はできない」と、思い込んでいました。しかし冷静に考え、「利用者が入院中に、顔合わせを済ませたい」という、希望を伝えるべきでした。

母が亡くなった2週間後、吸引装置を引き上げにきた訪問看護師さんにその話をすると、「そのような場合には、ご利用者様が退院なさる前に、あらかじめ、ケアマネと私たち訪看とが、ご家族様とカンファレンス（利用者の、治療方針を含めた生活を良い状態にする相談）をし、何をどのように食べて、どんな介護をしたらよいか…、受け入れるご家族の不安を取り除くべきでした」と、話されました。

母は認知症で、自分では空腹も喉の渇きもわからず、何が食べられるのか、医療関係者から指導されませんでしたが、訪看さんやケアマネさんの経験上のアドバイスをもとに、３人で話し合えば文殊の知恵も出たのではないかと思いました。それに月の半ばで点数があり、退院時入浴があるので、訪問入浴を減らし、管理栄養士さんをお願いできたでしょう。

今後、「退院後のケアプランを、退院前に家族と訪問看護師さんがカンファレンスをする」体制を、とり入れてほしいと思いました。

明日退院

母の退院前夜、母を思いながら飲料をすべてゼリーにしました。そして幼い時にずいぶん母が飲ませてくれた「葛湯」の作り方を忘れたので、考えながら作ってみると美味でした。いろいろ準備している内に日にちが変わり、掲示板に書き込まれていた介護のお仲間への返信を書き込み、母を迎えにいくためにできない半日分の仕事を、明け方から始めました。

1日分の飲料をすべてゼリーに！

250mlの飲料に、ゼラチン5g入りの水溶液50mlを加えて、300mlの軟らかいゼリーにしました。
保存容器に入れて、ラベルをつけたら、この1200mlのゼリーが、母の1日の栄養と、水分摂取量の基本となり、母の日々の献立が考えやすい気がしました。
1. エンシュアのゼリー　2. ハチミツを大サジ1杯入れた水のゼリー　3. お茶のゼリー　4. リンゴジュースのゼリー

●準備OKですね。
投稿者：きてぃちゃん　投稿日：05年01月13日（木）22：57
午後なんですね。
明日は、寒いのも少しマシなようですし、お天気も降らないようで、天気予報見ながら、良かった！！って思ってます。
ハプニングなく、無事お帰りになりますように。祈ってます。

▲【返信コメント1.】ベッドメイキングして…
投稿者：ホタル　投稿日：05年01月14日（金）01:00
枕カバーを掛けて、シーツを替えて…今までより広く壁際を開けて…
お茶、水、ジュース、エンシュア、全部ゆるめのゼリーにして…　どれも冷たいのはイヤーネ！　葛湯にしたり考えよう！
一応、午後退院だから半日分500kcalで500mlから始めます。

ハイ！準備完了しました…

きてぃちゃん、ご心配いただいてありがとうございます。
しかし、主役のいないベッドほど空虚な物はありません…

退院時引き継ぎで、看護師さんに、いったい何をどう食べさせていたのか…聞いてみます。話の内容で、点滴とエンシュアだけで食事は出てないのだと思っていましたが、退院時の明細書を見たら出ている…　まさかと思いながら予想していたとおり、盆を母の前に置いてほとんど食べさせる真似事のように1～2さじ、2回ほどして配膳棚に戻していたのでしょうか…。

高齢者の家族はお見舞いにこないお家が結構多い…食事がどんな風に出て食べようが食べまいが…そんなことを「家族が言うのはビックリ！」な、ようですよ！　実際は…　明細書には食事療養費になっている。
完全看護なのに、母は食べてない…。変な話です。

次ページへ続く

前ページよりの続き、ホタルのホームページの掲示板

▲【返信コメント2.】 お待ちするばかりですね。

投稿者：きてぃちゃん　投稿日：05年01月14日（金）08：53

おはようございます。

どうされてるかなと気になって。準備万端ですね。

ホタルさんの「決意」を感じます。

＞高齢者の家族はお見舞いにこないお家が結構多い

２つにはっきり分かれるようですよ。

母の時にも毎日くる家族、時々くる家族、ほとんどこない家族とね。

私は毎日ですので、よそのご家族ともお仲間になりました。

お互い気にしあいしてね。こうなると家族のようなものだなあと思いました。

お母様、最初は余計なことですが、重湯とか葛湯がいいかもですね。

エンシュアとかの高カロリーだったら、下痢が怖いです。昔ながらの方法もいいかと思いましてね。

ホタルさん、緊張されると思いますが、肩の力抜いてゆっくりね。

どうか上手くいきますように。祈ってます。

きてぃちゃんのホームページアドレス

http://www2.ocn.ne.jp/~kittytt/

きてぃちゃんは、大阪在住の方。「ふわふわテリーヌ」のサイトを立ちあげた日にメールをくださり、同ホームページの中に「在宅介護の輪 栄養研究会」を、立ちあげる発起人になってくださいました。

長く勤務された幼稚園を退職されて、脳梗塞で左片麻痺になられたお母様を91歳まで介護されました。4年前、入院中のお母様が、栄養剤を鼻からチューブで入れる処置を受けた翌日、亡くなられ、そのご経験から、同じような病状の母に、常に、何くれとなくアドバイスをしてくださいました。

現在は、先天性緑内障で30年程前に、失明されたお父様の在宅介護の合間に読み聞かせや、保育のボランティアをされています。

食べる姿勢

母は入院中、エアーマットではなく普通のマットで寝ており、常に体位変換をしておりました。私が見るときにはいつも60度くらいにベッドの背が上がり、足側はフラットで、麻痺の足と健常側の足で不思議なあぐらをかいていたり、いろいろの体勢になっていました。そして、いつも健常側に崩れ落ちた格好で、食事や水分補給のときは前のめりでした。

確かに座位が保て、姿勢の保持ができる人は、食事を前かがみで食べることが自然です。しかし座位が保てない母が、テーブルボードに前のめりになっているところにスプーンを運ぶと、限られた能力で自分の姿勢を正そうとして仰向くので、誤嚥にも繋がり、苦しくて多くは食べられないのではないかと感じました。

母は、腰を痛める心配でできなかった家と違い、いろいろな姿勢をしているので、足の拘縮予防にはなるのかもしれないと思い、どちらが母の健康に良いのか悩み、退院後リハビリさんと検討しようと思いました。

家に戻れば、２００４年４月、ベッドを導入したときに、理学療法士さ

安定した座位姿勢を保つポイント

①前かがみになっている、②両足がしっかり床に着いている。そのためには、テーブルやいす(またはベッド)がその人の身長に合った高さになっていることも大切です。

『完全図解新しい介護』P. 74

＊母のベッドは、身長に合わせて20㎝短い、ショートタイプで、ベッドに座らせれば、足裏がきちんと床に着く高さの製品を、使用していました。

自然な食事姿勢は前かがみ

私たちがふだん食事をしているとき、どんな姿勢をとっているか考えてみてください。正座して和食を食べているときも、いすに腰かけて洋食を食べているときも、横から見ると誰もがかならず前かがみの姿勢になっているはずです。これはどこの国の、どんな身分の人であっても同じです。

というのは、食べ物をうまく飲みこもうとすれば、必然的に前かがみの姿勢をとらざるをえないからです。後略。

『完全図解新しい介護』P. 74

んに習った姿勢で食べてくつろげます。つまり、ベッドで腰を支え、膝を曲げ、足裏を台地に乗せたように支え、背中と頭が一線にならないように枕とクッションで保持し、自由に頭や左手を動かせる状態です。

ふと前回の退院に際して栄養相談をしたときに栄養士さんに渡された、『飲み込みにくい方へ』という、ヘルシーフード株式会社の小冊子の、8ページに「食事のときの注意点・安全で食べやすい姿勢をつくり、ゆったりとしたペースで食べましょう」に、「横になったままのとき」という挿し絵がついた次の一文がありました。

●あごが上がらない姿勢を保とう

いすなどに座って食べるときは、あごを引き気味にします。座る姿勢をとれないときは、首を少しだけ前に曲げ背部と後頭部が直線にならないようにタオルなどをはさみます。また、股関節、膝関節を曲げ、足の底が物について安定するようにします。

この小冊子は、母のように自力では座れない重度者も踏まえて作られているので、この項目があるのでしょう。

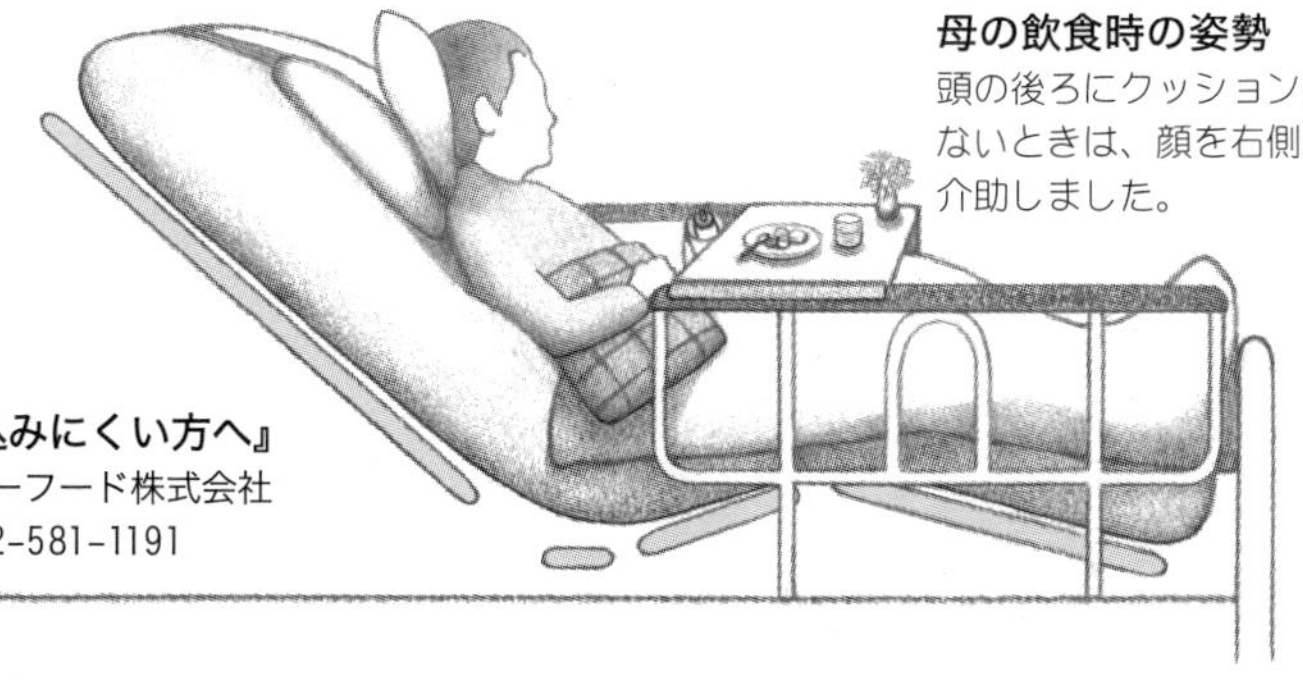

母の飲食時の姿勢

頭の後ろにクッションを挟めないときは、顔を右側に向け介助しました。

『飲み込みにくい方へ』

ヘルシーフード株式会社

TEL042-581-1191

たしかに、介助者の都合で寝たきりになる場合があるので、座位を保つことを心がけなくてはなりません。しかし母のように、リハビリや毎日のケアでどんなに手をかけても座れない人に、人間らしく過ごしてもらうためには、ベッドの角度で心地よい姿勢を追求するよりないでしょう。

顔色を見る限り母には、最初に習った姿勢が、一番良いのだろうと思いました。教えてくださった、理学療法士さんの所属する先駆的な施設では可能な姿勢なのでしょう。けれど、母が入院した病院では不可能なのだと母の入院生活をとおして痛感しました。それで、私は漠然と、入院せずに家で看取るほうが母には楽かもしれないと思いました。

お母さん、退院ですよ！

【2005年1月14日】

私は、食事介助の方法を確認したくて、12時過ぎに病院にいきました。エレベーターを降りてすぐのナースセンター前のホールで、全介助の老婦人に、丁寧に食事介助をしているようすを見て、母もあんなふうに介助していただけたらいいなあ…と思いながら病室へ急ぎました。

部屋をのぞくと、母は、まだおいしそうな匂いの食卓の上に、斜めに倒れ込む姿勢で、食べたいのに、どうしてよいかわからない苦悶の表情でした。私はこの光景を見て、母の２ヵ月の食事介助の内容がわかりました。

母に退院を告げると首を振って、顔の前に左手の人差し指を立て、ゆっくりと、「ま〜・あ〜・い！」と、小さな声を出しました。「まだ歩けないからいやなの？」と聞くと、うんうんと頷き、「まだ病院で頑張れば、歩ける！」と思っていることがわかり、悲しいような嬉しいような、切ない思いが込み上げ、それでも気を取り直して「家でご飯を食べて元気になって、お母さんのお誕生日は車いすでお花見にいくから、座る練習は家でしましょう！」と言うと、やっと納得したので、退院準備を始めました。

入院生活最後の食事

母は、１〜２さじ口に運べば次は「いらない」と言うので、少しずつ時間をおいて気をつけて食べさせてほしいと要望書に書きました。どの器にもわずかに手がついており、多分、本人が「いらない」と言ったとたんに介助が終わったのでしょう。退院の荷物を整理する間、弟が2～3口ずつ口元へ運んでから、一足先に退院の荷物を持って帰りました。

私は、食事総量の10％だけ食べている状態を知りたくて、看護師さんを探して尋ねると「大○さんはすぐに、いらないと言うから…　また食べさせにきますよ！　その日によって食べる量が違うんですよね。まあ、でも10％くらいかな？」と、真顔で言いました。認知症で、口の中に麻痺がある母は、咀嚼《そしゃく》が遅れるので、すぐ顔の前で手を振ります。そして、改めて「食べたい」という意思表示ができないので、「食べたくない」のだと思われたようです。

時間がかかりそうなので、先に退院手続きを終わらせて病室に戻ると、ホールで老婦人に食事介助をしていた介護者が到着し、「1口か2口しか食べられないのよね！」と、言いながら介助を始めました。弟と食べていた母は、次々よく食べ進むので「あら、今日はよく食べるわね～。ゼリーもすっかり溶けたから食べやすいでしょう…。これくらい軟らかいほうが食べやすいのだけれど」と、私に話しかけながら口に運びました。どんなに母が食べたくても、食べかけてから30分以上放置されたら、食べたくなくなったり気持ちも悪くなるでしょう。

介助をする患者が2人ならば同室にして、それぞれのようすを見ながら手を洗い、双方におかずを食べさせたり、汁物を飲ませたり、時間差をつけて管理をしていただければありがたかったと、前回の入院でそんなふうにして20～30％は食べさせてくれた看護師さんたちを思いました。

そうこうするうちに1時を回り、看護師さんがのんびりしているので、「車は2時ですか？」と聞きに行くと、「1時半です」と言われ、トイレに寄って病室に戻ると、母の着替えが終わっていました。

「退院したら、食後30分は背上げをして食休みをさせてください」と、指導されていたのに、食後10分たらずで着替えた母を、それから1時間も車で連れ帰る私は、ぎょっとしました。私は前途多難を肝に銘じ、今日これから無事に家に帰れたら何が食べられるのか試し、1週間は背水の陣で頑張り、母にも頑張ってもらおうと心に決めました。

迎えの車は前回と同様、運転士さんが母をストレッチャーへ抱いて乗せかえ、寝たまま車に固定して家まで運び、母をベッドまで抱いて移してくださるありがたいシステムでした。食後なので、ゆっくりな運転をお願いし、冬の街並みを眺め、母が車酔いしないように、通り過ぎる地名を告げて話しかけながら、束の間の「小さな旅」を共有しました。

母が飲んだゼラチン飲料の作り方と熱量(Kcal)

5g→水に浸す→湯を注ぐ

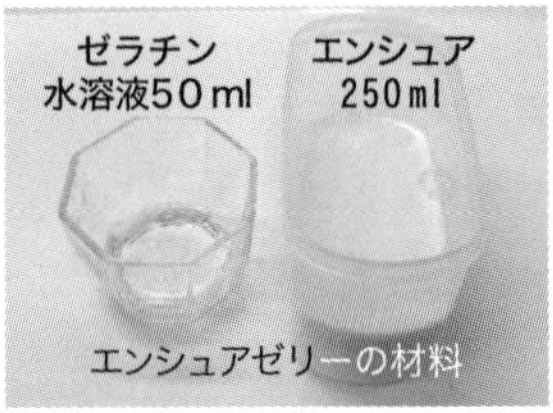

エンシュアゼリーの材料

ゼラチン水溶液(50ml＝17kcal (4.4g))の作り方

嚥下障害の母には、300mlの水溶液に5gのゼラチンパウダー(17kcal)を加えると、食べやすい濃度になりました。どのゼリーも、大体1時間くらい冷蔵庫で冷やすと固まります。

1. ゼラチンパウダー5gを20mlの水に10～20分浸して30mlの熱い湯を注ぐと50mlのゼラチン水溶液ができます。もし、寒い季節でゼラチンが沈殿するようなら、湯煎で加熱すると溶けます。
2. ゼライスの場合は、5g1袋を、50mlの熱い湯(80℃くらい)に振り入れます。

エンシュアをゼリーにしたときの熱量　◆エンシュアゼリー300ml＝267kcal (13.2g)

エンシュア1缶(250ml＝250kcal)を、常温のまま、タッパーに入れ、50ml の ゼラチン水溶液をよく混ぜ、冷蔵庫で冷やします。

お茶をゼリーにしたときの熱量　◆お茶ゼリー300 ml＝17kcal (4.4g)

1. お茶(80℃くらい)300mlに、ゼライス5g(1袋)を振り入れてよく混ぜ、あら熱が取れてから冷蔵庫で冷やします。
2. ゼラチンパウダーを使うときには5gを20mlの水に、10～20分浸しておき、80℃くらいのお茶280mlに入れてよく混ぜます。

ハチミツ水をゼリーにしたときの熱量　◆ハチミツ水ゼリー300ml＝78kcal (4.5g)

水250mlに、ハチミツ大サジ1杯(61kcal)を溶かして、タッパーに入れ(常温)、50mlのゼラチン水溶液を入れて混ぜ、冷蔵庫で冷やします。ハチミツが多いとゆるくなるようです。
＊薬を飲むときに必要な水はゼラチンだけだとおいしくないので、ハチミツを混ぜたら飲みやすくなりました。医師に確認したところ、母の飲む薬には影響せずミネラルがとれて良いそうです。できるだけフレッシュで、純良なハチミツを使いました。

ジュースをゼリーにしたときの熱量(使うジュースにより栄養成分は変わります)

◆家のリンゴジュースは、300ml＝127kcal (4.9g)。野菜ジュースで、300ml＝87kcal (5.9g)

リンゴジュース(250ml＝110kcal)と、野菜ジュース(250ml＝70kcal)に、各々50mlずつゼラチン水溶液をよく混ぜて冷蔵庫で冷やします。パイナップルなど、固まらないジュースもあるので、ゼラチンパウダーやゼライスの説明書をよく読みました。

水分補給用のゼリーの扱いについての注意点

1) 必ず、食べていただく前に作り、味、固さ、室温による変化などを試してください。
2) ゼリーは、室温で放置すると溶けます。
3) 必要な量を器にとり、残りはすぐ冷蔵庫に戻してください。
4) 材料でゼリーの固さが変われば、ゼラチンの量を変える必要があるでしょう。
5) ゼリーは生ものです。半日～1日分ずつ作り、その日に使いきるようにしてください。

6章

何を食べてもらえるだろう？

食べることは生きる基本

家族と一緒に食べることを大切に

飲み込める大きさ・固さ・やわらかさ

ハサミ・すり鉢・裏ごし器と仲良く

退院1日目の食事

【2005年1月14日】

母がベッドに納まると、それまでの約2ヵ月、がらんどうだった部屋が明るくなりました。静かにベッドの足側を上げてから、ゆっくり頭側を上げ、クッションで姿勢の保持をすると、母は、ゆったりとくつろいだ形になり、退院祝いに生けた花に目がとまり、満面の笑みになりました。

車の中で話しかけても不機嫌に黙っていた母は、幸い車に酔わず、帰宅後10分ほどですっかり落ち着きました。私は安心し「アイスクリーム食べる?」と聞くと、嬉しそうにうなずくので、半量(60ml)器にとり、口内の衛生が保てるように、お茶ゼリー100mlとともに口に運びました。

母はにこにこして口を開けますが、食べたい気持ちと飲みこむ行為が繋がらないらしく、口に入れてもなかなか飲み込めず、最後は苦しげな顔をしたので「よく食べたわね!　また食べましょうね」と言いながら、私は暗澹《あんたん》としました。それでも帰路の車中で、ぶすっとした母の顔を見つめ、「もう最後まで、この顔かしら」と思い不安でしたが、ベッドに落ち着い

2009年現在容器に熱量と成分表示があります。

1日目おやつ　午後2:30〜3:30
ハーゲンダッツのアイスクリーム、カスタードプディング半カップ60ml、140kcal(3g)
お茶ゼリー100ml、6kcal(1.5g)
■おやつ合計160ml＝146kcal(4.5g)
＊母の好きな、ハーゲンダッツのアイスクリームには、容器にカロリー表示がなく、以下は同社ホームページで調べました。
ミニカップ120mlあたり(2005年当時)
◆カスタードプディング280kcal(6g)
◆ストロベリー257kcal(4.5g)
◆バニラ267kcal(5g)

た瞬間から、にこにこして、飲食を喜び、母らしい顔を取り戻したことが嬉しく、総量は別としても、食べる意欲があるので安堵《あんど》しました。

ヘルパーのIさんが4時に入るまでに、新しいケアマネさんとの顔合わせを済ませ、母は30分くらい食休みができました。しかし、おやつの消化が悪そうなので、もう30分間背上げをしたままで顔を拭き、手を洗い、母がくつろげるように、のんびり2時間、身体介助をお願いしました。

母は顔色も良くにこにこしていたので、Iさんは、とても安心されました。しかし、病院での温存処置がなく、右腕の拘縮が進み、腕を胸の前に抱え込んで固ってしまったので、「母の肺を圧迫するし、着替えがとても不自由になったでしょう」と聞くと、「気をつけないと、着替えるときに骨折する可能性があるでしょう。病院でひどくして返すなんて…」と、話されました。尿量は多く便は少量とのことでした。

母は退院に不満そうでしたが、帰宅して自分だけを介助する人がいることに安心したのか、私と目が合うたびに微笑み、Iさんが帰るころまでに胃も落ち着いたらしいので、ベッドを倒して少し休んでもらいました。

口腔ケアについて

母は、認知症のために口をすすぐことが理解できず、入院前でも水を飲みこんでしまうことが多く困りました。退院した母が間違えて飲めば、誤嚥性肺炎を起こすので水が使えず、ケア用具は噛むので、使えませんでした。
困って、退院にあたり、病院の看護師さんにご指導いただきました。なるべく食事の終わりや合間に、お茶ゼリーを飲み、口中をサッパリさせ、就寝前には、お茶で湿らせたガーゼで、口の中を拭きました。

母の介護食の基本

食べられる物がわからず、母を家に引き取れば、食事はどうなるのか、胃ろうなら、医師の処方で出る「栄養剤」のエンシュアが食事です。母は栄養補助のため、２００４年3月より、エンシュアを1日2缶飲んできました。「食べられません」と言われた入院中も、とろみ剤入りエンシュアを1日1缶飲んだそうです。エンシュアの缶には組成のみ印刷され、栄養成分が書かれておらず、常々知りたいと思っていました。

退院2日前、病院の管理栄養士さんに、アドバイスを求めて面談しました（母の病院では有料）。エンシュアの栄養成分と、おかずにするふわふわテリーヌの栄養成分との関係や、消化吸収について、病院が指定する母の栄養所要量１２００キロカロリーと、エンシュアでとれる栄養成分との対比をした表（下掲）もお願いしました。脂質、炭水化物、ナトリウムが抜けていますが、過不足のある物のみを列記したそうです。私がエンシュアに不足を感じていた「良質の動物性たんぱく質」が、欠けていました。

「１２００キロカロリーは多すぎます」と言うと、「１０００キロカロリーでよいのですが、太っていただくために」と言われ、愕然としました。

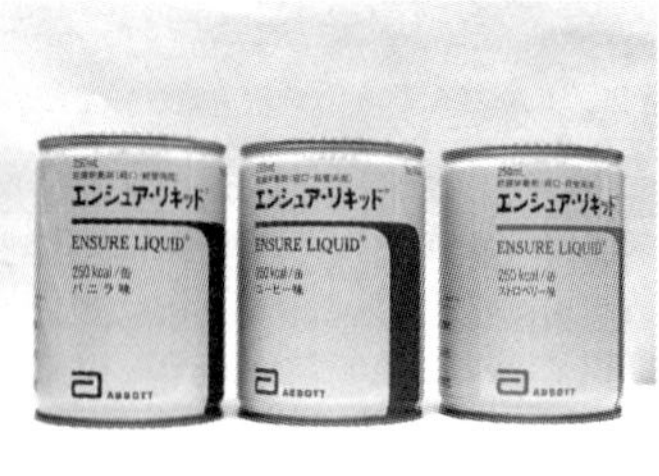

＊左からバニラ、コーヒー、ストロベリー
香料の違いで成分の違いはありません。

所要量1200Kcalとエンシュア２本の栄養成分との対比

エネルギー	1200kcal	エネルギー	500kcal
たんぱく質	46g	たんぱく質	17.6g
ビタミンA	540μg	ビタミンA	1250μg
ビタミンD	50μg	ビタミンD	100μg
ビタミンE	8mg	ビタミンE	15mg
ビタミンC	100mg	ビタミンC	76mg
ビタミンB1	0.8mg	ビタミンB1	0.76mg
ビタミンB2	1mg	ビタミンB2	0.86mg
ビタミンB6	1.2mg	ビタミンB6	1mg
カルシウム	600mg	カルシウム	260mg
鉄	10mg	鉄	4.5mg

しかし、母がエンシュアのおかずにする食品として「ふわふわテリーヌ」はエンシュアの欠点が補え、良好な健康状態が保持できるすばらしい食品ですね」と、絶賛されました。動物性たんぱく質以外に不足する、カルシウムと鉄分は、「鉄分を強化したヨーグルトで摂り、穀類はご飯を１００g見当、後は、飽きないように調理するだけでしょう」とのことでした。

　管理栄養士さんに面談したことで、エンシュア１日２缶で５００キロカロリーのゼリーを作って栄養の柱とし、不足分の５００キロカロリーを、「ふわふわテリーヌ」や豆腐、プリン、アイスクリーム、チーズケーキ、ヨーグルトなどで、わずかずつ補ってみようと考えました。

　夕食は半缶分のエンシュアゼリー、水分として、お茶ゼリー１００mlとプロポリス、ミネラル補給のため、ミツバチ生産物を混ぜたハチミツ水ゼリー50mlを用意し、夜7時半から8時半まで介助しました。食後の投薬はハチミツ水ゼリーを50ml用意し、10mlに粉薬をよく混ぜて飲ませ、薬分の残るさじと器を、残りのゼリーでゆすぎながら飲んでもらいました。

　これまで母の介助の合間に食べる自分の食事は、ベッドサイドに置きましたが、目を離した隙《すき》に母が誤嚥するとこわいので、母の目の前に並べ、

1日目夕食　午後7:30～8:30
エンシュアゼリー150ml＝134kcal (6.6g)
お茶ゼリー100ml＝6kcal (1.5g)
ハチミツ水ゼリー50ml＝13kcal (0.8g)
食後の薬用にハチミツ水ゼリー50ml＝13kcal (0.8g)
スプーンは介助するゼリーごとに替えました。
■夕食合計350ml＝166kcal (9.7g)

「今に、普通のお料理が食べられるようにしましょうね」と、話すと、母はとても喜び、私は調子に乗って、食べられそうな物を、少しずつ口に運びました。豆腐、にんじん、大根、がんもどきの中身などを、エンシュアの合間にすすめると、にこにこしながらどれも食べられたので、「食べられてよかったわね！」と言うと、満面の笑みになりました。午後のおやつのときに感じた絶望感が少し薄れました。

深夜を回り午前2時～2時半のオムツ介助。熟睡しているところを起こしましたが顔色も良く、問いかけにも反応しにこにこ機嫌よく、尿も定量出ており、ヘルパーさんと2人でホッとしました。介助終了後背上げし、2時半から3時まで水分補給、リンゴジュースゼリー100ml、アイスクリーム1口、口直しのハチミツ水ゼリー20mlを飲みました。30分背上げをしたまま食休みをし、3時半にベッドを戻して就寝。日にちの変わるこの時間の水分補給までを1日分とし、食事と水分摂取量の計算をしました。

深夜のオムツ介助が、当初のプランどおり1時～1時半なら、母は2時半に就寝できますが、事業所のローテーションに組み込めませんでした。私の生活を思えば12時がベストだと思いました。

1日目夜間水分補給量　午前2：30～3：00
リンゴジュースのゼリー100ml＝42kcal（1.6g）
ハーゲンダッツのアイスクリーム、カスタードプディング一口 12ml＝28kcal（0.6g）
ハチミツ水 20ml＝5kcal（0.3g）
■夜間水分補給量合計 132ml＝75kcal（2.5g）
● 帰宅後の食事総量 642ml＝387kcal（16.7g）

退院第1日目は帰宅してから就寝するまでに、642ml、387キロカロリー。退院までの病院での飲食量の引き継ぎがまったくなく、推測して食事を朝と昼で80ml、80キロカロリーとし、点滴500ml、180キロカロリーとすると、1222ml、647キロカロリー。

介護ノートに整理して記入すると、カロリーは少なめだけれど、水分をいやがらずによく飲んで（ゼリーなので食べて）くれたのでホッとしました。私の夕食のおでんの器から、豆腐や大根などを小さく潰し、口に入れたらなんとか食べられたので、2日目以降の食事は口の中で溶ける溶液状の食物ばかりではなく、食塊感《しょくかいかん》がある物を少しずつ試そうと考えました。

病院では、エンシュアをとろみ剤で飲まされていたので、なおさらエンシュアが嫌いになり、口に入れると飲み込みにくそうにしました。家庭での水分補給は、葛湯やゼリーで工夫すればとろみ剤を使わずに過ごせますが、病院では常温で看護師さんがすぐに使えるとろみ剤が必需品でした。退院後も使えるかと思い味見をしたら、舌やのどに絡みつく糊のような粘り気があり、いつまでも口中がさっぱりせずに驚きました。近所の介護ショップに聞いてもとろみ剤は1種類しかなく、病院の管理栄養士さんが、流動食に使っている製品を聞き、インターネットで調べると、2～3ヵ月もの分量で、家ではほとんど使わないと思い、買いませんでした。むせることよりも「とろみ剤嫌い」で、水分を飲めなくなる人が多いとも聞きましたので、母の脱水症は、とろみ剤を使っての水分補給がいやで、水分摂取量が減少したのかもしれません。

2日目、何がおいしい？

【2005年1月15日】

10時～10時半まで身体介助。母がヘルパーさんを覚えており、朝からとても愛想がよく、ヘルパーさんが喜んでいろいろ話しながら介助をするので、嬉しそうににこにこしていました。

ヘルパーさんから引き継いで朝食、朝は口の動きが悪いのでエンシュアゼリー半缶分、お茶ゼリー100ml、薬を飲むためにハチミツ水ゼリー30ml、プロポリス少々。これだけの量ならば、入院前は30分～1時間で食べられたのに、だましだまし1時間半かかりました。

エンシュアが嫌いなのでしょう。午後はエンシュアをやめて、豆腐やふ

2日目朝食　午前10:30～12:00
エンシュアゼリー150ml＝134kcal (6.6g)
お茶ゼリー100ml＝6kcal (1.5g)
薬用ハチミツ水ゼリー30ml＝8kcal (0.5g)
■朝食合計280ml＝148kcal (8.6g)

わふわテリーヌにしようと思いました。液状の物が食べられないのに、固形物が食べられるとは思えませんが、いずれにしても水でのばした流動食や栄養剤ばかりでは母は食べたがらず、「低栄養」となり身体が弱ります。どんなに私が努力しても母が食べられなければ、母を「餓死」させかねないのです。母が食べられるものを試し、工夫するよりありません。

今回入院した誤嚥の原因は、5回食で疲れたことがあるかもしれないのに、前日の食事のペースだと、また5回食になるため、4回食に戻す工夫をすることにし、昼食を準備しました。1日の食事介助に5〜6時間もかかるので、調理は簡単に…。みそ汁100mlを煮立てた中へ、ふわふわテリーヌのかぼちゃ風味とにんじん風味を各1個、冷凍のままでさいの目に切って入れ、火をとおし、豆腐30gもさいの目で加え、煮立てたら火を消し、水溶き片栗粉を回し入れ、強めにとろみをつけました。水分補給に、リンゴジュースゼリー120ml、アイスクリーム少し。口直しと薬を飲むためのハチミツ水ゼリー150ml。

豆腐などを、とろみソース状のみそ汁に絡めて口元に運ぶと、おいしそうに飲み込めてホッとしました。水分補給のゼリーと違い歯はなくても、

2日目昼食　午後2:30〜4:00
かぼちゃ風味30g＝51kcal (1.9g)、にんじん風味17g＝33kcal (1.0g)、豆腐30g＝46kcal (2.8g) を、みそ汁100ml＝60kcal (3.0g) で煮てから、水溶き片栗粉を加え、とろみソース状にします。
リンゴジュースゼリー120ml＝50kcal (1.9g)
ハーゲンダッツのアイスクリーム、カスタードプディング24ml＝56kcal (1.2g)
ハチミツ水ゼリー100ml＝26kcal (1.5g)
薬用にハチミツ水ゼリー50ml＝13kcal (0.8g)
■昼食合計394ml＝335kcal (14.1g)

口の中で唾液と混ぜ合わせて味わえるのか、食の喜びがあるようでした。にこにこしながらゆっくりと、1時間半かけて食べ終わりましたが、食事時間が長いと心臓に負担がかかるのか、頻脈になりました。

とんぷくを飲むと、すぐ落ち着きました。しかし、食べることは大変なことだと改めて思いました。

薬は全部粉にしてもらい、薬を飲む時に、苦みが一瞬で終わるように、杯や小さな器に少しゼリーを取り、粉っぽくないようによく混ぜ、1～2回で口に運び、器やスプーンについた薬をゼリーでゆすぎながら、口直しができるようにしました。食後の薬を飲み、母が落ち着くまで目が離せないので、味が混ざらないように、器別に使うスプーンや、食後の薬を溶く器まですべてテーブルボードに乗せて、私の食事と飲み物も置くと、目の前が賑やかになり、母は楽しそうにしていました。私は、母が食べられない料理を並べるのは、気の毒だと思っていたのですが、自分だけが介助を受けて食べるよりも、同じ卓で私が一緒に食べることを喜びました。

5時15分～6時15分の身体介助後、水分補給をし、夕食にしました。昼食を「食べる物」にしたので、夕食は「飲み物」にし、食べる負担を減らし、エンシュア半缶、お茶とハチミツ水ゼリーとプロポリス。プロポリス

2日目夕食　午後6：30～8：30
エンシュアゼリー半缶分150ml＝134kcal (6.6g)
お茶ゼリー150ml＝9kcal (2.3g)
ハチミツ水ゼリー100ml＝26kcal (1.5g)
薬用に、ハチミツ水ゼリー50ml＝13kcal (0.8g)
プロポリス、ミツバチ生産物。
■夕食合計450ml＝182kcal (11.2g)

は苦いのですが、母の意識がはっきりするので、なるべく1日に数回口に運びました。飲むと、どこかが良くなるらしく、顔をしかめながらも飲みました。飲み物だけの食事なのに、テレビを見ながら、休み休み2時間もかかり、食休み後は疲れて、深夜の身体介助まで寝てしまいました。

以前のように、夜になると「どんどん元気になる」という感じがなく、母のそばを離れて仕事ができますが、体力は落ちたのだと思いました。


1時45分から2時15分過ぎまで身体介助。引き続き水分補給。たった、104mlに1時間。昨日から、急に胃に詰め込んでいるので、内臓のストレスは大変だろうと思い、胃炎や胃潰瘍《いかいよう》防止策として、楽しく食べられるように努めました。

3食と水分補給で1228ml、755キロカロリー、4回の介助時間は6時間、エンシュアは1日1缶分。食事の間中母はにこにこ過ごし、2日目もなんとか無事に終わりました。

母を2日間食事介助をするなかで、水分補給や食事を自分だけが食べるより、たとえ違う食事でも私が一緒に食べると、母がくつろげることがわかりました。世話になるばかりでは気が重かったのでしょう。

2日目夜間水分補給量　午前2:30～3:30
リンゴジュースゼリー80ml＝34kcal（1.3g）
ハーゲンダッツのアイスクリーム、カスタードプディング24ml＝56kcal（1.2g）
■夜間水分補給量合計104ml＝90kcal (2.5g)
●4食合計1228ml＝755kcal (36.4g)

3日目、平穏な日常へ

【2005年1月16日】

母が寝たきりになってからは、毎朝9時半に声をかけてテレビのスイッチを入れました。母のベッドの高さは1番低くしてありましたが、気温の低い時には、介助位置くらいに高くしたほうが暖かでした。

ベッドを介助位置まで上げながら、10時にヘルパーさんがくることを話し、羽布団を昼間用の薄がけに替えます。30分後に室温が22度まで上がるようにファンヒーターの温度を上げ、寒い日にはハロゲンヒーターのスイッチも入れて母の反応を見ます。寒い季節にベッドでお尻を出してオムツ介助をするのは、風邪の元。何とか風邪をひかせたくない私は、母が眠っている深夜と、午前の介助時には特に気をつかいました。

入院前の母は、目を開けて私の顔を見てもすぐ寝入りました。昨日久し振りに「自分のベッド」で寝た母に、おそるおそる声をかけると、ぐっすり眠っていましたが、その後少しうとうとして、ヘルパーさんの到着時間には目を覚ましていました。今朝は、すでに目覚めていたらしく、声をかけるとにこにこし、平穏《へいおん》な1日の始まりを感じて嬉しくなりました。

３日目の目標、食べるものを増やす

昨日６時間も頑張って、総水分摂取量が１２２８mlということは、目標値の２０００mlに、はるかに及びません。しかし、「胃液に混じる前から水溶液だから、液体ばかり多過ぎても悪いのかしら」とも思え、２０００mlの70%、１４００mlが飲めることを目指すことにしました。栄養所要量の１０００キロカロリーも、昨日かなり無理をして食べてもらったのに、７５５キロカロリーならば、これも70%の７００キロカロリーを目標に、母がおいしく食べられることを大切にして、昨日よりもう少し、食事らしさを心がけるようにしようと思いました。

朝の身体介助終了後、朝食開始。

退院後は夜間、明け方ともよく睡眠がとれているので、朝食の量を少し増やそうと思い、うどんつゆで煮たふわふわテリーヌをおかずにしたら、母はよく食べました。エンシュアゼリーが食べにくそうなので、「これを食べると、他の物をたくさん食べずに栄養がとれるから」と話して、ゆっくり食べてもらいました。

3日目朝食　午前10:30～12:00
エンシュアゼリー半缶分150ml＝134kcal（6.6g）
ほうれんそう風味30g＝53kcal（2.0g）、にんじん風味17g＝33kcal（1.0g）、うどんつゆ50ml＝25kcal（1.1g）で煮てから、水溶き片栗粉を加え、ドロッとしたタレのようにします。
お茶ゼリー100ml＝6kcal（1.5g）
ハチミツ水ゼリー100ml＝26kcal（1.5g）
プロポリス、ミツバチ生産物。
■朝食合計400ml＝277kcal（13.7g）

朝食にボリュームがあったので、なかなかお腹が空かないらしく、やっと3時に昼食を始められ、ゆっくり食べてもらいました。

嘔吐、食休み不足？

夕方の身体介助が5時15分からなので、背上げをしたままヘルパーさんにお願いし「ゆっくり背を倒し、あまりごろごろさせないように…」と、頼みましたが6時に嘔吐してしまいました。

水分量、熱量ともに多く、胃の収まりが悪かったのでしょう。エンシュアが半缶分なら、カロリーをとるのに、プリンを入れてもよいかと思いましたが、多過ぎたのかもしれません。それに消化能力が悪いので、看護師さんに習った「食休みの30分」では胃から逆流しやすく、食後45分の身体介助は無理だったのでしょう。吐いたままにして食べないと、次が入らなくなるので、6時半から水分やおやつを少しずつとり、引き続き容態を見ながら夕食にしました。２時間半かけて４６０ml、２８７キロカロリーをなんとか飲食したのでとても疲れたようでした。食休みを1時間とり、10時にベッドを倒したら、夜間の身体介助まで眠りました。

3日目昼食　午後3:00～4:30
エンシュアゼリー半缶分150ml＝134kcal (6.6g)
お茶ゼリー50ml＝3kcal (0.8g)
野菜ジュースゼリー100ml＝29kcal (2.0g)
プリン80ml＝100kcal (5.1g)
ハチミツ水ゼリー50ml＝13kcal (0.8g)
■昼食合計　6時に嘔吐したので30％で計算
(430ml＝279kcal (15.3g))×30％
→129ml＝84kcal (4.6g)

3日目口直し　午後6:30～7:30
お茶ゼリー100ml＝6kcal (1.5g)
懐中汁粉半量60ml＝43kcal (1.3g)
■口直し合計160ml＝49kcal (2.8g)

母はよく眠れたらしく元気になりました。身体介助後はテレビを見ながらお茶を飲み、しばらく起きていたかったようなので、一緒にお茶を飲みながら、45分かけてゆっくりお茶ゼリー１００mlを飲んでもらいました。1時間背上げをして4時にベッドを倒し、就寝してもらいました。始終にこにこしていたので、嘔吐はしたけれど食休みをしっかり取れば、なんとかなりそうだとも思いました。昼に嘔吐し、体に残った分を30％と考えて足すと、１０８９ml、６５４キロカロリー、エンシュアは1缶分と少々。

栄養所要量がとりにくい今は、エンシュアをゼリーにし、栄養の柱を作り、栄養をとるために「目で見てわかり、食べたくなる物」を、少しずつ増やし、水分を気持ちよく飲める工夫をすれば、何とか健康を呼び込めるように思え、「食事介助」に、少し自信が持てるようになりました。

食べたがらない人に食べさせるよりも、胃ろうに、栄養剤や白湯を流し込むのは、医療従事者や介護職のように、時間を限られた人には楽でしょう。しかし、最後まで口で味わってほしい私には、辛くて苦しい作業にしか思えず、母の胃ろうを拒否し、退院手続をとりましたが、自信を持てない、不安な1日を過ごし、母が寝入るとホッとしました。

3日目夕食　午後7:30～9:00

エンシュアゼリー半缶分150ml＝134kcal (6.6g)

ご飯10g＝15kcal (0.3g) にひたひたの水を入れ、電子レンジで2分加熱し、泡立て器でご飯粒をつぶしとろみを引き出し、みそ汁50ml＝30kcal (1.5g) に合わせ、にんじん風味17g＝33kcal (1.0g) を煮ます。

ハチミツ水ゼリー100ml＝26kcal (1.5g)

■夕食合計300ml＝238kcal (10.9g)

3日目夜間水分補給量　午前2:15～3:00

お茶ゼリー100ml＝6kcal (1.5g)

■夜間水分補給量合計100ml＝6kcal (1.5g)

●5食合計1089ml＝654kcal (33.5g)

4日目、食事の負担を減らしたい

【2005年1月17日】

昨日に続き、朝食でしっかり栄養がとれるように、きしめんの乾麺10gを7㎜くらいの長さに折り、くたくたにゆでてうどんつゆで煮ました。おかずのふわふわテリーヌのだて巻き風味は、冷凍のまま加えて煮込み、水溶き片栗粉でとろみをつけました。うどんの喉ごしが心配でしたが、汁気のとろみでまとめながら、だて巻き風味と合わせて口に入れると、おいしいと喜んで食が進み、エンシュアも半缶分食べられました。

午後は待ちに待った訪問看護。看護師さんが交代したので、過去の生活と、病歴などの状況説明に30分かかり、退院後の摂食状況などに対する不安を解消する相談や、バイタルチェックなどはその後になりました。時間がないので、見てもらいたかった足の指や拘縮している手の爪切りなど、家族やヘルパーさんにできないことで、お願いしたかったことを次回に回し、14日からの食事と水分摂取量の数字を見てもらいました。ざっと食事内容に目をとおし、看護師さんは日野原先生のお名前を出し、母の状態な

4日目朝食　午前10：30～12：00
エンシュアゼリー半缶分150ml＝134kcal（6.6g）
うどん（乾）10g＝35kcal（0.9g）、うどんつゆ50ml＝25kcal（1.1g）は、水溶き片栗粉でとろみをつけます。だて巻き風味30g＝73kcal（2.8g）
お茶ゼリー100ml＝6kcal（1.5g）
ハチミツ水ゼリー100ml＝26kcal（1.5g）
プロポリス
■朝食合計400ml＝299kcal（14.4g）

ら700キロカロリーでよいと話され、「結構いい線行っているけど、4回食ではなく5回食にしたらどうかしら」と、アドバイスされました。

昼食を食べる状態をチェックするため、看護師さんに見られていても母が食べやすいように、朝食を重くして昼を軽くしました。エンシュア4分の1缶分を食べてもらいました。話しながらの食事介助でしたが、30分で食べ終わりました。母はにこにこしてとても機嫌がよいし、きちんと飲み込めるので、とても感心し「本当にむせないで食べられるのね！ ゼリーのかたさがちょうどよいのね、ゼラチンの対比量は？」と聞かれました。

本を調べたり、テレビやインターネットで情報を得た場合、自分のことならすぐ飛びつくのに、自分で良否の判断のつかない母に対しては、医師が1000キロカロリーだと示した数字を、「そんな馬鹿な」と、思いながらも否定しきれず悩むものだと、つくづく思っていましたから、訪問看護師さんに「700キロカロリー」と、指示されて安心しました。

1000キロカロリーで5回食、1回は200キロカロリー。700キロカロリーなら140キロカロリーとなり、母の負担がまるで違います。2カ月間ほとんど食物を消化していない内臓でも、毎日650キロカロリ

4日目昼食 午後3:00～3:30
エンシュアゼリー4分の1缶分75ml＝67kcal (3.3g)
お茶ゼリー100ml＝6kcal (1.5g)
ハチミツ水ゼリー100ml＝26kcal (1.5g)
ミツバチ生産物
■昼食合計275ml＝99kcal (6.3g)

ー前後食べているので、この状態を1週間続けられれば、日野原先生の著書のご指導どおり、母の身体を変えられると思い、嬉しくなりました。

バイタルサインは脈拍88、血中酸素濃度97、血圧110～60で良好。

「私が手伝うことはないですよ。娘さんが、全部ちゃんとできています」と、ほめられました。素人が不安の固まりでしている在宅介護です。ほめられるより結果の良否を検討し、過不足に対してアドバイスをいただき、明日への道を見とおしたいと話し、次回看護師さんが採血し、主治医に病院での血液検査値と比べてもらうことになりました。

この1週間の食事を、病院の管理栄養士さんのアドバイスに従い、エンシュア主体にふわふわテリーヌを食べてもらい、母が食べることに慣れたなら、エンシュアを1缶分におさえ、穀類を増やし、豆腐、テリーヌ、カニクリームコロッケの中身、海老のしんじょ、マッシュポテト、ドリア、グラタン、まぐろのすき身、茶碗蒸し、水溶き片栗粉でとろみをつけた大根下ろしのさっと煮など、家族が普通に食べている物に近づけ、母が「目で食べたくなるような食事」を、考えようと思っていました。

夕方の身体介助後「喉が渇いた」とヘルパーさんに、目と手と短い言葉

バイタルサイン

vital signs　看護・医学事典よりの抜粋

バイタルとは「生きている」、サインとは「しるし、兆候」または「所見」を意味する。

つまり、人間が生きていることを示す所見のことで、看護上主として取り上げられてきたのは、呼吸・循環・体温であり、その状況は看護記録または体温表に記入される。

脈拍数・呼吸数・体温は明確に色分けされるので、グラフにすると患者の病体の大要をつかむことができる。

で訴えたので、水分補給の食事をヘルパーさんが始めました。今日はIさんだったので清拭も着替えも手早く、介助時間が30分残り、ゆっくりおいしく食べられ、プロポリスまで飲んで時間内に終わりました。
退院後初の、ヘルパーさんの「食事介助」でした。

８時半から、エンシュア抜きで、ふわふわテリーヌと水分だけの夕食にしました。このところ同じような食事ばかりで気が引けましたが、水分との組み合わせ方で気が変わるのか、おいしそうに食べ、1時間10分で完食できましたから、４食で１１２０ml、６１８キロカロリー、食事介助時間は3時間40分と短く、母も疲れず、私も仕事ができて、こんなにありがたいことはなく、未来が拓けた気がしました。

就寝前の身体介助後の水分補給、エンシュア４分の１缶分とお茶ゼリー１００mlの合計１７５ml。30分で飲めました。これで4日目の５回食総計は、１２９５ml、７１３キロカロリーになり、エンシュア１・２５缶分でした。退院して4日が過ぎ、母は自分の身体に必要な最低栄養量と、水分量を、日々一生懸命とっている気がしてきました。

4日目夕方水分補給量 午後5:30～6:00
エンシュアゼリー4分の1缶分75ml＝67kcal (3.3g)
お茶ゼリー100ml＝6kcal (1.5g)
薬用に、ハチミツ水ゼリー20ml＝5kcal (0.3g)
プロポリス
■夕方水分補給量合計195ml＝78kcal (5.1g)

＊ヘルパーさんの食事介助でしたが、むせることもなく完食できました。今後、Iさんの身体介助時には、出かけられそうで、希望が持てました。

看護師さんは「700キロカロリー」が目安だと話されましたが、水分量には言及されませんでした。飲んで排泄された水分の比較を検討するために、巡回介護サービスのヘルパーさんたちが、毎回伝票に記入している排尿量を、半年くらいたどって見比べたところ、差異があまりないので、この調子ならば総水分摂取量は1250〜1300mlが、母の健康ラインなのかもしれないと、4日分の総水分摂取量を見て思いました。

退院前に、熱を出したり吐いたり不安定な日々が続き、はらはらドキドキしながら病室を訪ね、そんなに苦しいならば「家で、できる限りそばにいて看取りたい」と、決意したのはなんだったかと思うほど母の体調は小康状態となり、毎日が嬉しい驚きの日々になりました。

私は毎食、母の顔色を見ながら栄養の主になるものと、水分とのバランスを考えながら食事介助をしたので、ありがたいことに栄養と水分のかね合いが身についてきました。ふと、この1週間が過ぎたら「在宅介護の輪栄養研究会」の、お仲間が工夫した料理や、ハチミツプリンを作り、栄養表示とともに「嚥下食の実践献立表」として、ホームページ上に発信したいなあと思いました。

4日目夕食　午後8:30〜9:40
かぼちゃ風味30g＝51kcal（1.9g）、にんじん風味17g＝33kcal（1.0g）、うどんつゆ50ml＝25kcal（1.1g）で煮てから、水溶き片栗粉を加えタレ状にして、ふわふわテリーヌと混ぜながら食べます。
野菜ジュースゼリー100ml＝29kcal（2.0g）
ハチミツ水ゼリー100ml＝26kcal（1.5g）
■夕食合計250ml＝164kcal（7.5g）

4日目夜間水分補給量　午前2:30〜3:00
エンシュアゼリー4分の1缶分75ml＝67kcal（3.3g）
お茶ゼリー100ml＝6kcal（1.5g）
■夜間水分補給量合計175ml＝73kcal（4.8g）
●5食合計1295ml＝713kcal（38.1g）

５日目、食べる量が安定

【２００５年1月18日】

５日目になり、エンシュアを1日2缶分、５００キロカロリー摂取する目標は、達成できないことがわかりました。他の食べ物も、多くは食べられません。私はカロリーを増やすために、栄養補助食品をホームページで調べ、エンジョイゼリーのお試しＢＯＸを取り寄せてみました。

午後は往診。健康な人でも目覚めてすぐ、あれこれと食べるのは辛いのに、介護の時間に合わせて、次々と口に運ばれてはかなわないでしょう。入院前に朝食としてエンシュアを1缶分、飲んだりゼリーにして食べた状態に戻すことにしました。4分の３缶分を用意。これで２００キロカロリー、完食に1時間半。もしかすると、母は自分の身体の必要量よりも多く口に運ぶと、時間がかかるのかもしれない…と、思いました。

3時半から4時に往診。今日は昼食は無理なので、30分くらいで食べられるおやつを用意しました。夕方までの時間が楽なように、エンジョイゼリー半箱分、お茶ゼリー１００ml。昨日、今日と続けて訪問者があり、食事内容や介助時間を最優先にできず生活時間を考え直そうと思いました。

エンジョイゼリーは通信販売です。
ホームページ　http://www.clinico.com/
電話 0120-52-0050　株式会社クリニコ

エンシュア1缶分250ml		エンジョイゼリー1箱分220g	
エネルギー	250kcal	エネルギー	300kcal
たんぱく質	8.8g	たんぱく質	11.2g
ビタミンA	625μg	レチノール	200μg
ビタミンD	50μg	ビタミンD	0.9μg
ビタミンE	7.5mg	ビタミンE	3.4mg
ビタミンC	38mg	ビタミンC	34mg
ビタミンB1	0.38mg	ビタミンB1	0.36mg
ビタミンB2	0.43mg	ビタミンB2	0.40mg
ビタミンB6	0.5mg	ビタミンB6	0.54mg
カルシウム	130mg	カルシウム	300mg
鉄	2.3mg	鉄	3.0mg

「良い食事介助ですね！」

主治医の往診。脈拍88、血中酸素濃度97、血圧１１０～60で、昨日に引き続き安定しています。訪問看護、主治医の往診と２日間続いたバイタルサインは、同じ数値で正常、「退院後の体調はとても安定している」とのこと。母の退院直前の体調の悪さに比べると夢のようでした。

病院で胃ろう処置を断って以来、母に食べてもらえる自信など何一つないなかで「母が食べられなければ餓死する」との強迫観念に耐え、毎食行き当たりばったりで介助した４日間に、主治医がどんな判断をし、母の明日への命のつなぎ方を指導されるのか、期待していました。

主治医は食事の一欄表から、昨日訪問看護師さんと考えた５回食の内訳を見て「これでよいのではないかしら。水分は１３００ml前後で十分、心臓が悪いので、これ以上入れないこと」との、見解を示されました。

私は「やっぱり、水分が多いと心臓の負担になるのだわ」と、入院前を振り返り納得し、退院後の母が多く飲めなくてよかったと思いました。

5日目朝食　午後10：30～12：00
エンシュアゼリー4分の3缶分225ml＝200kcal（9.9g）
ハチミツ水ゼリー100ml＝26kcal（1.5g）
プロポリス、ミツバチ生産物。
■朝食合計 325ml＝226kcal（11.4g）

1300ml、700キロカロリー

初めて、在宅訪問医療の主治医から、母に必要な栄養所要量と水分量について、はっきりした数字をもらえて本当に安心しました。

主治医も栄養所要量700キロカロリーについて、日野原先生のお名前を出しておられましたから、寝たきりで小柄な高齢者の栄養所要量について、日野原先生のデータを参考にされているのかもしれません。

食事時間が長い母は、食事と食休みで1日が過ぎ、薬を飲む時間も、朝食後の薬が12時になり、昼食用の薬は6時間空けるとすれば夕方6時、その後は深夜の12時になり、薬を有効に飲むには食事や水分補給と関係なく飲まなければ飲みきれず、主治医に相談すると、最低5時間空けて飲むように…と、指示されました。

また3日目の嘔吐について、食休みを30分と言うと、「経管栄養の患者さんは1時間ですよ。大○さんもエンシュアが主体だから、1時間は休まないと吐くかもしれませんね…」と話されました。

母に吐かれてから、顔色を見ながら毎食後観察した結果は、1時間背上

少し固めで、のどごしが良いエンジョイゼリー

5日目おやつ　午後2:00～2:30
エンジョイゼリー2分の1箱110ml＝150kcal (5.5g)
お茶ゼリー100ml＝6kcal (1.5g)
■おやつ合計210ml＝156kcal (7.0g)

＊エンジョイゼリーはパック入りで、出してすぐたべられますが、四角いだけなので、パックごとビニール袋に入れて60℃で15分くらい温めてから、型に入れて冷蔵庫で3時間以上冷やすと好きな形になります。馴染んだ形だと、食べる気持ちが動くので、一手間かけました。

げをしたまま食休みをし、ベッドを倒してからも、30分以上は時間を空けなければ、オムツ介助が無理そうでしたから得心しました。

午後から医師の往診やマッサージ、リハビリさんが入る場合は、昼食時間を3時半に終わらせないと、5時からの身体介助に嘔吐するでしょう。

朝食とおやつが栄養剤なので、夕方の身体介助後に、半日ずれた昼食、ふわふわテリーヌがおかず。水分は野菜ジュースのゼリー以外は少なく、主食のエンシュアゼリーも、3分の1と少なめにしたら45分で完食できました。味にめりはりをつけ、それぞれの量が少ないことも大切でしょう。

エンシュアゼリーを半缶分食べるのには、それだけで1時間以上かかりますが4分の1にすると、20分くらいで食べられ、3分の1でも、ほとんど変わらないことがわかりました。

尿量も順調。私は心底ホッとして、「もっとおいしい物が食べられるように工夫をするから、お誕生日には嚥下食のお寿司を食べて、お花見をしましょうね…」と、母に話しかけながら一緒に夕食をゆっくりとり、親子で満ち足りた、気持ちの良い夜を過ごしました。

私は、『食べて治す・防ぐ医学事典―おいしく・健康・大安心』（P239

5日目昼食　午後6:15～7:00
エンシュアゼリー3分の1缶分100ml＝89kcal (4.4g)
ほうれんそう風味30g＝53kcal (2.0g) をうどんつゆ50ml＝25kcal (1.1g) で煮て、水溶き片栗粉を加え、あんかけ状にします。
野菜ジュースゼリー100ml＝29kcal (2.0g)
お茶ゼリー50ml＝3kcal (0.7g)
薬用にハチミツ水ゼリー50ml＝13kcal (0.8g)
■昼食合計350ml＝212kcal (11.0g)

頁参照）という、日野原先生が総監修をされた本の「考え方」に出合えたことで、母の嚥下障害を克服する覚悟がつきました。執筆当時90歳の先生が「食べて1週間で身体が変わる」と、力強くすすめてくださるのだから、私も工夫をして、母のようすを見ながら「1週間頑張ってみよう」と、思いました（この本に、嚥下食は掲載されていません）。

母は、退院して一生懸命食べたので、3〜4日目にはしわだらけだったほほがふっくらし、手首や喉のしわが目立たなくなりました。

今夜から夜間のオムツ介助は1時〜1時半、母はどこにも痛みがなく、体調は良好。介助後の水分補給を温かな飲み物にしようと思い、ココアを見せると、嬉しそうににこにこするので、お茶葛湯と一緒に2人分テーブルボードに乗せると喜んで、次々口を開けて20分で食べ終わりました。

片栗粉は冷めると離水しますが、濃い目にして温かい内に食べると離水せず、のど越しが良いと思いました。母は機嫌よく3時就寝。

ココアは、熱いお湯で溶いて熱した牛乳に混ぜ、多めの水溶き片栗粉でドロッとさせました。お茶葛湯は、湯をお茶に変えるだけです。本日の食事総量918キロカロリー、総水分摂取量1355ml。

水溶き片栗粉でドロドロにしたココアとお茶

5日目夕食　午後10:15〜11:45

エンシュアゼリー3分の1缶分100ml＝89kcal (4.4g)

エンジョイゼリー2分の1箱110ml＝150kcal (5.5g)

お茶ゼリー　50ml＝3kcal (0.8g)

薬用に、ハチミツ水ゼリー　50ml＝13kcal (0.8g)

■夕食合計 310ml＝255kcal (11.5g)

5日目夜間水分補給量　午後1:40〜2:00

ココア2分の1カップ 60ml＝63kcal (3.4g)

（ココア7.5g、牛乳60ml、片栗粉小さじ1杯）

お茶葛湯100ml＝6kcal (＋)

■夜間水分補給量合計 160ml＝69kcal (3.4g)

●5食合計1355ml＝918kcal (44.3g)

うっかりココアまですすめたため、牛乳成分が多くカロリーが高いので消化が悪いかもしれません。エンシュアは１・４缶分。

エンジョイゼリーを試しに取り寄せたのは、カロリー補強の意味もありましたが、エンシュアをどうしても母が嫌うので、嚥下食の形をした「牛乳成分が主体（大豆たんぱくも含まれます）の栄養補助食品」を、探したい気持ちがありました。味見に母と同量食べると、あっさりして食べやすくおいしいと感じましたが、母の口に運ぶと、エンシュアと同じように首を振って、気に入らないようでした。

6日目、午後嘔吐

【２００５年1月19日】

午前中は昨日に引き続き穏やかで、エンジョイゼリーを朝食にしたら、30分で食べ終わりましたから、朝は良いかもしれないと思い直しました。

母の退院後出かけていなかったので、朝食後、母を安静に寝かせてから30分くらい買い物に出かけました。

弟も母が元気なので安心し、午後から病院のナースセンターまで、忘れ

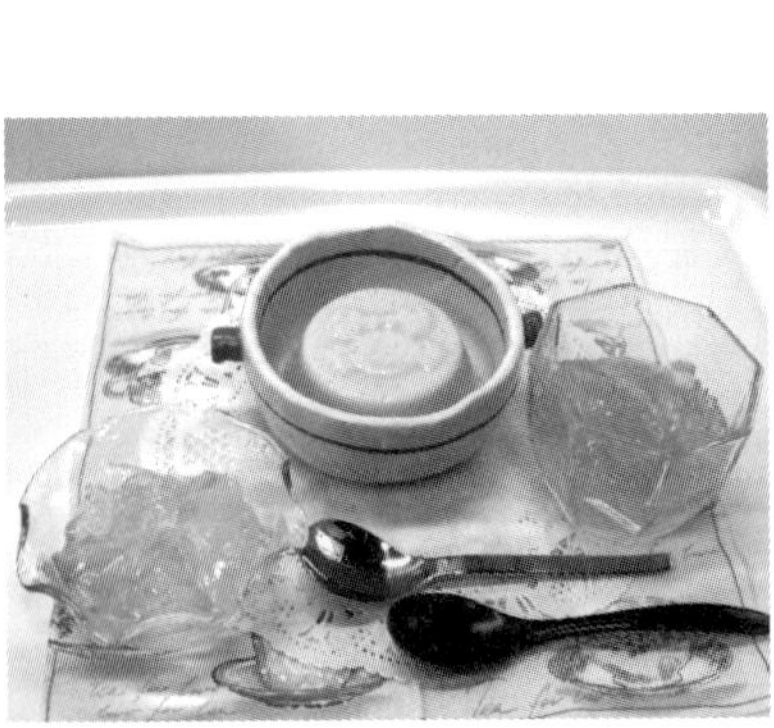

6日目朝食　午前10:30～11:00
エンジョイゼリー110ml＝150kcal（5.5g）
お茶ゼリー100ml＝6kcal（1.5g）
薬用にハチミツ水ゼリー50ml＝13kcal（0.8g）
■朝食合計260ml＝169kcal（7.8g）

6日目昼食/嘔吐　午後2:00～2:30
エンシュアゼリー100ml＝89kcal（4.4g）
お茶ゼリー100ml＝6kcal（1.5g）
ハチミツ水ゼリー100ml＝26kcal（1.5g）
プロポリス、ミツバチ生産物。
■昼食合計300ml＝121kcal（7.4g）
昼食嘔吐分×50％（150ml＝61kcal（3.7g））

物を取り行くと、偶然にも担当医に出会い、「大○さんは食べられていますか」と心配顔で聞かれ、「食べています」と答えると、先生はにこにこして、とても安心されたそうです。

午後2時エンシュアを食べて嘔吐。エンシュアがいやかもしれないと思い、こんな時には「母が嫌いなおかゆや、最近苦手な梅干しがよいはずだけれど…」と考えあぐね、ふと思い立って両方を茶こしで裏ごしにして合わせたら、舌触りが良くなり、思いのほか美味なことがわかりました。

おかずには「良質のたんぱく質」が必要だと思い、ふわふわテリーヌのかぼちゃ風味とにんじん風味を、たっぷりのうどんのつゆで煮て、水溶き片栗粉でつゆをあん状にしてみました。かぼちゃやにんじんのテリーヌを、しょうゆ味のあんに絡めて口に運ぶと、まるでむせず、おかゆも「おいしいでしょう?」と聞くと、にこにこ顔でうなずいて完食しました。

食事の途中で頻脈を起こしたので、とんぷくを飲ませるとすぐ収まりましたが、体調が悪いのだと思いました。

今まで「おかゆに米粒があるのは当然、舌で潰して食べられる」と、勝手に思っていましたが、唾液の分泌が悪くなっている母には、米粒のざら

6日目昼食/食べ直し 午後3:00～4:00
梅干しがゆ、80ml＝24kcal(0.4g)
ご飯15gを湯80mlに入れておかゆにし、裏ごし。梅干し4分の1の裏ごしと混ぜます。とろみは湯で調整しました。
かぼちゃ風味30g＝51kcal(1.9g)、にんじん風味17g＝33kcal(1.0g)を、うどんつゆ100ml＝47kcal(2.2g)で煮てから、水溶き片栗粉を加えて、あんかけのようにして、おかゆと混ぜながら口に運びます。
お茶葛湯100ml＝6kcal(+)
薬用にハチミツ水ゼリー30ml＝8kcal(0.5g)
■昼食/食べ直し合計310ml＝169kcal(6.0g)

つきが舌に残っておいしくなかったのでしょう。おかゆの裏ごしが食べられることがわかり、ポタージュやスープのとろみづけに、ご飯の裏ごしを入れれば、お米がおいしく食べられると思い、嬉しくなりました。

私はこのとき母がゲップを上手に出せず、嘔吐したと思っていました。


食後1時間で5時になり、身体介助の時間となりましたが、ベッドを30度に背上げしたままで、ヘルパーのIさんを迎えました。Iさんと2人で母の状態をよく見ながら、ベッドの背上げ角度を何段階か調整すると、ゲップの出やすい角度が45度近辺だとわかり、その角度にすぐできるようにベッド枠に、テープで目印をつけました（P8写真参照）。この後の食事や水分補給はようすを見ながら、この位置まで背上げをしてみようと話しました。気持ち良さそうにしている母を見て、私はやっと安心しました。

嘔吐をした母のダメージを減らすため、1時間の前半30分は背上げをしたままで介助をしていただき、清拭を省き、汗もかいていないのでパジャマは交換せず、顔を拭いたり手を洗ったり…と、母がのんびりくつろげる状態にしてから、ベッドの背を倒してもらいました。次の30分間で、あまり身体をごろごろ転がさないで、オムツを替えるようにゆっくりおだやかな身体介助をお願いしました。

母の具合の悪い時がIさんの担当だと、私は安心できました。

365日ベッドから逃れられない母です。母の嘔吐時、顔の周りにいつも置いてある「非常時用タオル」で吐瀉物をキャッチできたので、着衣やベッドが汚れずホッとしました。

体調の悪い時に吐くと、なおさら体力を消耗するので、常にできる限り吐かないように、食事や飲み物に気をつけていました。直接肌に冷たいものが触れる着替え、シーツや肌掛けの交換は身体を冷やし、体力を消耗させるので、もし吐いても汚さないことが大切だと考えていましたが、お尻周りも同じことです。吸収量とあて方の工夫で本人に苦痛を与えず、漏らさず、交換時の突然の排尿・排便などで、ベッド周りを汚さないように、防水シーツを小さくしたシートや、使い捨てシーツで防御していました。

私は母の退院後の介護にやっと慣れ、ほとんど睡眠がとれなかった毎日に少し疲れ、気が抜けた頃でした。母も嘔吐した割には元気でにこにこし唇の色がきれいでしたからIさんに預け、気分転換に介護のお仲間のホームページを訪れたり、少しの間チャットをするような時間を持ち、明日の退院1週間目は「何を作って退院祝いをしよう」と、のんびりと考えていました。身体介助後、母がぐっすり眠っていたので起こさず、夕食を9時半頃から始めました。

エンシュアゼリーに、おかずは豆腐のあんかけ。気持ちが悪いというので、全量の4分の3で終わりにし、水分と薬を飲んでもらいました。

午後吐いた分を2分の1と考えて計算をすると、ここまでに970ml、582キロカロリー、エンシュアは1缶分弱でした。

この頃から母の体調が心配になり、なんとか夜間の身体介助までに落ちついてほしいと思いました。午後の嘔吐時、私がノロウイルスの感染を疑い、主治医に連絡をしていたら「母は、死ななかったのではないか」と、今になって悔やんでいます。

しかしおかゆに切り替えて食べられたときには、顔色が良かったので、私はまったくノロウイルスのことを、考えていませんでした。

19日の深夜、日付が20日に変わり、午前1時～1時半の身体介助時に、母は激しく嘔吐し、大量の下痢をしました。体温を測ると37・38度。私は、やっとノロウイルスの感染に気がつきました。

6日目夕食 午後9：30～11：00
エンシュアゼリー75ml＝67kcal（3.3g）
豆腐50g＝86kcal（5.5g）を、うどんつゆ100ml＝47kcal（2.2g）で煮て、水溶き片栗粉を加え、ドロっとさせました。この内75％を食べたので75ml＝100kcal（5.8g）
お茶葛湯50ml＝3kcal（＋）
薬用にハチミツ水ゼリー50ml＝13kcal（0.8g）
■夕食合計 250ml＝183kcal（9.9g）
●4食合計 970ml＝582kcal（27.4g）

7日目、ノロウイルスの感染に気づく

【2005年1月20日】

深夜のオムツ交換中、新しいパッドやオムツに変えたところに、大量の汚泥状の便がほとばしり、ヘルパーさんが悲鳴をあげました。

2人がかりで介助し、オムツやパッドを再度替え、全部きれいにしたらまた汚れて…と、とてもただの軟便ではないので、かなり苦しかったろうと思いながら、着せやすい浴衣で身体を包みました。介助後背上げをし、口が気持ち悪いだろうと思い、ハチミツ水ゼリーを1口含ませると、口中が少しだけさっぱりしたらしく、眠ってしまいました。嘔吐の激しさ、便の状態、高熱ではない37度台。流行中の「ノロウイルスの腸炎」の症状にあてはまり、抵抗力が弱い母の身体がどこまでもつのか心配でした。

ハチミツ水ゼリーが飲み込めなかったのか、喉《のど》をゴロゴロさせているので、嘔吐し、もしも喉に詰まらせたら大変なので見ていましたが、窓の外が明るくなった7時過ぎには、すっかりいつもの寝息になり、私も気がゆるみ30分くらい、母のベッドの脇で眠ってしまいました。ふと眼をさます

と、嘔吐したあとでした。うっかり寝たことにぞっとしました。たまたま母の体位を、少し横向きにしていたので誤嚥しなかったのでしょう。

幸いなことに、ふとん安心シーツを顔の周りにかけておいたので、外すと襟のあたりが少し汚れていただけでした。着替えで動かすと辛いだろうと思い、よく拭きとり汚れた部分をタオルで包み込み、10時の身体介助までそのままにしました。昨日の残りが全部出たようで、顔の周りをお湯で絞ったタオルで拭いていると眼をさまし、喉が渇《かわ》いたようすなので、風邪気味の嘔吐時に飲ませやすい「ビタミンゼリー」を、ゆっくり70mlくらい飲ませましたが、30分後に吐きました。

吐き気が収まりそうもないため、8時半を待って診療所に電話し、主治医に指示をあおぐと、点滴の準備をして訪問看護師さんが10時に到着しました。上半身の清拭、オムツ交換に着替えと、てきぱきと身体介助をしている最中にヘルパーのIさんがきたので、助手を頼み、昨夜からの汚れ物を洗濯しました。

バイタルサイン、脈拍110、血圧110〜60、体温37・8度。鎮痛《ちんつう》剤とビタミン剤の入った500mlの点滴を、夜10時までにゆっくり落とすことになりました。

ふとん安心シーツ

ユニチャーム　ライフリー「ふとん安心シーツ」
16枚入りメーカー希望小売価格＝2,080円
以下、同社ホームページより（2009年現在）
- 1枚でふとんの端から端まで覆える 90cm×60cmの大判サイズ。
- おしっこ3回分吸収で万が一の大量のモレもしっかり吸収。
- シーツを洗う手間がいらない使い捨てタイプ。

同社ホームページURL
http://www.unicharm.co.jp/products/index.html

私も持病の閃輝暗点《せんきあんてん》で若い時から嘔吐をするので、めげずに水分を入れるのには慣れていますが、あまり吐く時は少し胃を休めないと胃液まで吐いてしまうため、少し落ちつくまでは口に入れられないと思いました。

今朝もまだ汚泥状の軟便が出ていました。身体介助で身体がきれいになり、吐き気止めと、ビタミン入りの点滴が落ちて、母もホッとしたらしく安静に眠りだしたので、小さな保冷剤で少しだけ頭を冷やしました。

主治医から、今日はハチミツ水ゼリーか、お茶ゼリーだけを飲ませるようにと指示があり、心臓病の薬をいつから飲ませるか相談し、訪問看護師さんが午後2時にくるのを待つことになりました。

しかし、午後1時頃から頻脈の発作を起こしそうになり、ひとまずハチミツ水ゼリーで薬を溶いて飲ませると、点滴の吐き気止めが効いたのか、なんとか飲めました。

午後2時のバイタルサイン、午前中に計らなかった血中酸素濃度が最高値92、脈拍110、血圧100～60、体温37・7度、酸素濃度が低く脈拍は午前中同様早く、血圧が下がり、体温も少し下がりました。

24時間1000mlの点滴を入れ、母の容体をみることになり、夜間の点滴バッグの交換方法を伝授されました。

閃輝暗点

発作的に起こる機能障害で、目眩についで視野の一部に閃光性の暗点を生じてしだいに広がり、やがておさまるが、後に片頭痛・はきけを残す。原因は脳血管の一過性の痙攣といわれている。

『看護・医学事典』P. 527

夕方の身体介助の終わりに薬が飲め、吐き気も落ち着いてきたようすでした。機嫌は良いけれど喉が渇いたようすなので、9時半から10時にかけて、ハチミツ水ゼリーを60ml口元に運びました。何よりも嘔吐がないのでホッとしました。10時半に3回目の薬、昼から半日で200mlハチミツ水ゼリーが飲め、1日分の薬を無事に飲むことができました。

10時半頃終わるはずの点滴が11時半頃まで伸び、点滴バッグを取り替えた直後、やたらに早く点滴が落ちるので、主治医の携帯に連絡をし、点滴を落とす調整の仕方を教えていただきました。

点滴調整の終わりころから母のそぶりに、喉の渇きと空腹感を感じたので、「オムツ交換の前に飲むと吐くから、1時半まで待っていてね…」と、説明しながらベッドの調整をし、身体介助へ向けて室温を上げました。

母が落ち着いてテレビを眺めているので、私は安心してパソコンの前に移り、母の容体を記入し始めました。私にとって不安だった点滴バッグの交換が無事に済み、輸液も順調に入り、ありがたいことに母の食欲が出てきたし、この調子ならば、久し振りに母の横のソファーで、ぐっすり眠れそうだと安心し、とてもくつろいだ気分になりました。

7日目薬用の水と水分補給量

午後1:00、薬用に、ハチミツ水ゼリー30ml
午後6:30、薬用に、ハチミツ水ゼリー60ml
午後9:30〜10:00ハチミツ水ゼリー60ml
午後10:30、薬用に、ハチミツ水ゼリー50ml
■薬用と水分補給量合計200ml＝53kcal (3.1g)

退院8日目の朝は明けず

【2005年1月21日】

午前1時、点滴中のオムツ介助。若いヘルパーさんが不安がるので、パソコンをつけたまま立ち会いました。手が4本あるのでオムツ交換が早く終了し、背上げをする時間がとれました。座位にしたら少し脈が速まり、肩で息をして呼吸が乱れてきたので、ハチミツ水ゼリー20mlに、とんぷくを溶かして飲ませながら、ヘルパーさんに、水分補給のスプーンの動かし方や、母の飲み込み方を見てもらいました。

その後、背上げをしたまま母の手や胸をさすっていると、頻脈が収まったので、2時頃、黒砂糖入りの葛湯を100mlくらい用意すると、とても機嫌よく半分くらい食べ、ハチミツ水ゼリーも80ml飲みました。

残った葛湯を「私が食べちゃおうか?」と聞くと、うなずくので食べてみました。黒砂糖を多めにしてあったので「おいしいわね、おいしく食べられた?」と聞くと、にこにこ笑ってうなずきました。「今日はもうおかゆは食べられないから、朝になったら梅干しのおかゆを作って食べましょうね…」と言うと、なんとなく上の空で頷きました。

黒砂糖入り葛湯とハチミツ水ゼリー

7日目夜間水分補給量　1:30～4:00

薬用に、ハチミツ水ゼリー20ml＝5kcal (0.3g)

黒砂糖15g入り葛湯(片栗粉5g)、50ml＝70kcal (0.3g)

ハチミツ水ゼリー80ml＝21kcal (1.2g)

お茶ゼリー60ml＝4kcal (0.9g)

■夜間水分補給量合計 210ml＝100kcal (2.7g)

7日目点滴　朝10時から亡くなるまで

点滴600ml＝198kcal。

●7日目栄養摂取量合計 1010ml＝351kcal (5.8g)

3時半頃から呼吸が荒くなり、「お茶を飲む？」と聞くと、目で返事をするので、お茶ゼリーを口元に運ぶと60mlくらい飲み、呼吸も収まり始めました。「足が冷たい」とのヘルパーさんの言葉を思い出し、足下に回り母の目を見つめながらマッサージをすると、呼吸がさらに静かになりました。あまり冷たいので一瞬足に目を落とし、集中してふくらはぎをさすると指先まで温かくなり、ホッとして顔を上げ「楽になった？」と、聞いても目が反応しないので、顔のそばに行くと、呼吸が止まっていました。

あたたかで優しい微笑みをたたえ、静かに目を開き…

1時半にヘルパーさんと別れ、4時頃までに210mlほどの食事や水分がやっととれたのに、その15分後に母の呼吸と心音が停止するとは、まったく予想しておらず茫然としました。それでも気を取り直して、「苦しまないで良かったわね…」と声をかけ、静かに瞼《まぶた》をなでおろし、身繕いをしました。数時間前に電話をした主治医に、明け方、再び電話をするのは申しわけないと思いながら、留守電に報告をすると、4時半頃お電話をくださり、死の直前に飲食をしているので、「少しだけ背を上げたまま、足はもう平らにしておきましょう」と指示されました。

それから、息子と一緒にベッドの調整をし、母が寝ている位置を直し、目が開いてきたので、そっとなでおろしました。

ハッとわれに返り、午前10時の身体介助を断るファックスを介護サービスに送り、パソコンがずっと開いたままだったことを思い出し、パソコンの前に座り込み、母の最期をホームページの掲示板に報告しました。

私は午前1時の身体介助から、亡くなるまで母のそばを離れず、母に酷《ひど》い苦しみもなく、親子して臨終のときを知らず、最後まで楽しく心を通わせていました。あまりにも静かで「優しい死に顔」は、何度も息子がのぞき込み、「よく寝ているだけだよ！」というほど、母にとっても家族にとっても幸せなお別れを示していました。

母の胃ろうを拒否して家に迎え、仕事をしながらの介護なので、寝る時間を惜しみ、毎日可能なかぎりそばにいて、手探りで食事介助をし、母も一生懸命食べたので、３日目くらいには頬がふっくらしてきました。

結局、母は食べられたことで毎日にこにこして元気でしたから、ノロウイルスに感染し、丸一日病んでもやつれませんでした。

私は母の胃ろうを、拒否して良かったと改めて思いました。

看取りを終えて

母が退院してから亡くなるまでの食事の記録は、毎回写真に撮り、介護ノートに記入し、その日のうちに整理をして表にしていました。他のページにある食事やおやつは、ホームページの過去の日記を整理しました。胃ろうを拒否しての退院でしたが、このように短期間に母を亡くすつもりがなく、母の容態が安定したら、日記に発信するつもりでしたから、臨終直前の食事まで画像があり、こうして書くことができました。

退院時の母の病名は、摂食不良、低ナトリウム血症、陳旧性脳梗塞、認知症、右片麻痺、陳旧性心筋梗塞、心不全、発作性上室性頻脈です。これだけの病気を持っていても、嚥下障害による誤嚥性肺炎や頻脈による呼吸苦などの急性期が過ぎ、病状が安定すれば医療施設にはいられません。退院をして家に帰るか、臨終まで過ごせる施設に移るか2つに1つです。

在宅介護者の、終末期介護に関する情報はほとんどなかったので、私は、全国のホームページのお仲間の「親族を看取る状況」を拝見し、立ち往生しそうになる気持ちを日々助けられたことを思い、なんとか「母を平穏に

陳旧性

過去に起きた…と、いう意味です。

低ナトリウム血症

血清ナトリウム値の低下した状態(135mEq/l以下)。細胞外液内のナトリウム(Na)に比べ、体液水分量が相対的に多いことを意味し、体液の浸透圧が低下していることを示す。したがって必ずしも体内のNaの絶対量が不足していることを意味するものではない。低ナトリウム血症に伴う食欲不振・悪心・嘔吐・頭痛などは体液浸透圧の低下(水中毒)による症状である。

『看護・医学事典』P. 622

看取り」記録を遺し、発信する決心をしたのです。
たとえ私の食事介助が失敗であろうともデータを残せば、あとから辿《たど》る方の、打開策の一つになるかもしれないと、涙を拭き拭き記録しました。しかし、認知症で要介護５「我と我が身の処遇を理解できず、身動きもとれない母」の、命に関わるすべての決定権を、私一人が引き受けたことは母にとって苦痛ではなかったのか、私がしたことは正しかったのかと、思い悩みました。このような心情は実親でも義親でも同じでしょう。
どのような状況でも、死にゆく人との満足な別れなどないでしょう。
結局担いでしまった人が、最後まで命のやりとりを見届けるのであり、最期の瞬間に立ち会えようが立ち会えまいが、介護した人に重い気持ちが残ります。隣に立ち、ともに支えた夫や兄弟でも、この感情は分け合えない気がします。私は幸いなことにホームページ上で、重度者の親族の在宅介護をするお仲間に出会えましたので、私の気持ちを同じ重さで受け取り励ましてくださる多くの友人を得ました。私は　日本各地から応援されたことに応え、記録し報告しようという気持ちで、最後まで母と自分を客観的に見つめ、平常心を持ち介護ができたのだと思います。

心不全

心臓が臓器・組織の要求に応じた血液を十分に送り出せない状態、心臓予備力を消費している状態、あるいは心室拡張末期圧が上昇して初めて血液を駆出できる状態などを指して心不全というが、後略。

『看護・医学事典』P. 474

発作性頻拍

心拍数が 突然異常な速さ（1分間150以上）で打ちはじめ、多くは突然正常な速さに戻る発作。刺激発生部位によって上室性頻拍と、心室頻拍とに分けられる。後略。

『看護・医学事典』P. 857

心筋梗塞[症]

主要冠状動脈の閉塞、または冠血流の急激な減少によって心筋に壊死を生じた状態。胸痛が主徴で、その部位、疼痛の放散する部位は狭心症と同じであるが、より激烈で持続が長く、安静・休息やニトログリセリンにより鎮静されない。ショック症状・発熱・白血球増加・赤沈促進を伴い、血清酵素CPK（クレアチン-ホスキナーゼ）、GOT（グルタミン酸オキサロ酢酸トランスアミラーゼ）、LDH（乳酸脱水酵素）活性値の増加を認める。特にCPKの上昇は発作後最も早く、高率に発生する。後略。

『看護・医学事典』P. 447

ノロウイルスに阻まれましたが、医療の心得を持たない私が、社会の手を借りることで、在宅介護でも母の胃ろうを拒否し、最期まで口から食べられるように介助し、ホスピスのように、できる限り死への恐怖や苦痛がないように、看取れた事実を書くことで、同じ思いのご家族に、可能性があることをお知らせしたいと思います。

また、嚥下障害の患者の方々を抱え、医療現場で悩む医師、看護師さんや管理栄養士さんなどの方々に、もう一度口から食べてもらうことを試す勇気と自信を持ち、悩み苦しむ患者とその家族を支援してほしいのです。

39ページに引用掲載した、『２００２年度　在宅医療助成「在宅死における食の援助と医療福祉の課題」報告書』にあるように、在宅介護者には食の情報がほとんどありません。それでも、各々の家の日々の暮らしのなかで、家族の食事と合わせて調理をし、たとえ障害があっても、皆と同じように食べられることを大切に、作り続けています。

次章は、「在宅介護の輪　栄養研究会」の友人たちの料理を、ホームページから転載し、追加の画像やコメントをいただき構成しました。

終章

ホームページの食の情報

家族が工夫した晴れの食事
おかゆでお寿司も作れます
見ておいしい、食べておいしい
介助者にも「おいしい」料理

家族が作る「介護食・嚥下食」

がうらさんの工夫！「腎臓病・糖尿病の介護食」

＊母の食事は、病院の指導と、私のかんをたよりに、考えたものです。

どなたにでも合うとは限りません。計算されたものでもありません。

０型の人間が考えたアバウトなものです。参考にのみなさってください。

お気づきのことがありましたら、以下ホームページの掲示板まで、ご連絡ください。http://www.paw.hi-ho.ne.jp/gaura-karen/

＊糖尿病だから、カロリーを控えめにしています。

腎臓病だから塩分を控え、透析をしているから、水分も控えますが、必要量のたんぱく質はとらなくてはりません。でも、カリウムと、リンは控えます。このほか糖尿病だけの時は絶対作らなかった、てんぷらやフライも作るようになりました。ただし、塩分、水分を減らすため、すき焼きや鍋物は減りました。おおよそ、このぐらいを目安に、食事を作っています。
※母は、軟らかめにすればほとんどの食品が食べられます。ご飯も家族と同じで1食120gが基本です。食事を認識しにくい時だけおかゆにします。

＊食事の楽しみは奪いたくない。

デザートは、果物の時もあれば、おまんじゅう、ケーキの時もあります。栄養指導の観点から見たら、いけないかもしれません。でも、家族の食べている物は、量を少なくしてなんでもだすようにしています。

なにもない時は、教科書通り、缶詰の果物（糖尿病だけの時は、ほとんどださなかったので、母は大好きです。）

＊食事作りは血糖値に従います。

朝、夕、血糖値を計ります。その時の数値でカロリーを加減しています。たとえば、朝、血糖値が100を切っているような時は、インシュリンはそのままで、食べるもの（カロリー）を増やします。そのため、いつもゼリーを買い置きしてあります。

＊定期的に血液検査を受けています。

2週間に1回、看護師さんから、血液検査の結果が渡されます。私も望んだことでしたが、これが意外にプレッシャーになります。

次ページへ続く

母のように歩けないと、もう以前のように「つまみ食い」をすることができませんから、私が作ったものを母が食べ、それがそのまま結果にあらわれます。つまり、私の通知表になってしまいました。しかし、おかげで可もなく不可もなくといったところで、落ちついています。

最近は、食品の成分、原材料がしっかり書かれている物が増えました。カロリーや塩分、たんぱく質の制限をしている者にはたいへんありがたいことです。いつも、メガネ持参で買い物です。

※がうらさんのホームページ[はあちゃんの介護日記]よりの転載にURLを加筆されました。

晴れの料理「ごちそうプレート」

がうらさんの工夫！「家族と同じ内容に見えることが大切」

★食事はおいしいことが一番＝「要介護5」・腎臓病・糖尿病の介護食

クリスマス用アレンジ、ランチョンマットは赤。ふわふわテリーヌのまぐろ団子のから揚げ風/サツマイモの茶巾絞り/温野菜/ふわふわテリーヌの白和え/コーンスープ100ml ＝86kcal (2.0g)/ご飯120g ＝ 200kcal (3.0g)

＊母は塩味なしのコーンスープです。
＊私達は鶏のから揚げにして、さつまいもはつぶさず温野菜として盛りつけ、まったく見た目を変えず、みんなで一緒にいただきました。

まぐろ団子のから揚げ風
ふわふわテリーヌ、まぐろ団子20g＝40kcal (1.6g)のから揚。2個40g＝ 120kcal (1.6g)

サツマイモの茶巾絞り
サツマイモ50g＝66kcal (0.6g)

カリフラワーとブロッコリー
カリフラワー20g＝ 5kcal (0.5g)
ブロッコリー8g＝2kcal (0.2g)

白和え (ユズの皮の器)
ふわふわテリーヌのにんじん風味 17g＝33kcal (1.0g)と、ほうれんそう風味30g＝53kcal (2.0g)の半分を、7～8ミリ角のさいの目にして、白和え[練りゴマ、豆腐、調味料＝52kcal (2.6g)]に＝95kcal (4.1g)

※以上2004年12月24日おさかなパルのホームページ「掲示板」への投稿より転載し、レシピに従いカロリーと、たんぱく質量を計算しました。

1日の食事の考え方

がうらさんの工夫！「毎日の献立」

＊母の食事制限は、総水分摂取量1日500ml/1800kcal/たんぱく質50g/カリウム2g/リン800mg/塩分7gです。下のメニューは大体1329kcal/たんぱく質30.12g/カリウム720mg/リン352mgになっています。1日1800kcalまではとれません。昼と夕、野菜のカリウムとリンの数値は計算に入れていません。また、毎日のことなので、調味料までは計算に入れず、経験で加減しています。リンゴのコンポートは、一口大に切ったリンゴを砂糖で煮て保存して、メニューに合わせて使います。
ほぼ毎日こんなペースのような気がします。

＊以下はある冬の1日の献立（母のための糖尿病食を基本にした透析食）です。

朝・・・ご飯、目玉焼き半分、豆腐とネギの味噌汁(汁なし)、サツマイモのソテー（オリーブオイル）、リンゴのコンポート８分の1。
■たんぱく質10.26g、カリウム294mg、リン142.5mg、565kcal

昼・・・団子汁、ふわふわ蒲鉾２枚、リンゴのコンポートのヨーグルトかけ。
■たんぱく質9.46g、カリウム196mg、リン92.5mg、361kcal

夕・・・ご飯、煮物、サラダ、酢漬け。
■たんぱく質10.4g、カリウム230mg、リン117mg、403kcal

団子汁／小麦粉約60gが主食
にんじん、ジャガイモ、エノキダケ、大根。おおよそ240kcal。

ふわふわ蒲鉾
ふわふわテリーヌの紅白蒲鉾2枚40g＝84kcal。

リンゴのコンポート
リンゴ30g＝12kcal。
ヨーグルト40g＝25kcal。

注) 水分を減らすため、汁気はきります。カリウムを減らすため、野菜類をゆでます。

次ページへ続く

★夕食
サラダ
酢漬け
煮物
ご飯

ご飯
120g＝200kcal

煮物
豚肉40gとごぼう120kcal

サラダ
ジャガイモとふわふわテリーヌのにんじん風味をマヨネーズであえます。83kcal

酢漬け
キャベツ、ピーマン、しめじ、にんじんの酢しょうゆあえ。

■合計約403kcal (9.46g)

※以上2005年2月14日、おさかなパルのホームページ「掲示板」への投稿より転載しました。

食事介助を楽にする「手作りの常備菜」

がうらさんの工夫！「常備菜」

鳥そぼろやシーチキンのデンブは、食後に予定のある「気ぜわしいお昼時」き」に重宝しています。また、不意に家族が帰った時の食事にも使えますから、煮込み料理などの時に、ついでに作っておきます。このほかに、我が家の定番「酢漬けのキャベツ」、果物のコンポートなども便利です。

★口当たりの良い鳥そぼろ
ふりかけが硬いのか(?)食べられません
ふりかけの代わりに使います

鳥そぼろ [558kcal (45.4g)]
鶏のひき肉を200g＝332kcal（41.8g)、ゆでてからすり鉢ですり、砂糖・みりん・しょうゆを各大さじ２杯半[226kcal (3.6)]で、味をつけます。
上記調味料は、一般的な分量です。加減して下さい。

■調味料の熱量とたんぱく質
砂糖大さじ1 (9g) ＝35kcal (0)、みりん大さじ1 (18g) ＝43kca (0.1g)、しょうゆ大さじ1 (18g) ＝13kcal (1.4g)、酒大さじ1 (15g) ＝15kcal (0.1g)

※2005年2月14日、おさかなパルのホームページ「掲示板」への投稿より転載し、一般的な味つけによるカロリー、たんぱく質量を計算したものです。

がうらさんの工夫！常備菜を使った「丼」

鳥そぼろと同じ常備菜として、時々シーチキンでデンブを作るんですよ。デンブってわかりますか？　市販のものはピンクが多いですね。甘くて。我が家のは砂糖少なめ、しょうゆ少々で、ふわふわに仕上げて常備します。三色どんぶり風にしていただきます。母の昼食にもってこい。手抜きもできるし・・・おかゆにもあうんですよ。家族も大好きです。

シーチキンのデンブの丼
ご飯120g＝200kcal (3.0g)に、シーチキンデンブ（作り方223ページ）を30g＝52kcal (5.9g)かけて、いり卵10g＝15kcal (1.1g)をのせます。

サラダ
ブロッコリー20g＝5kcal (0.7g)と、ゆでサツマイモ50g＝66kcal (0.6g)を、マヨネーズ小さじ1＝25kcal (＋)で、あえました。

※以上2004年12月30日、おさかなパルのホームページ「掲示板」への投稿より転載しました。
熱量及びたんぱく質量は、231ページで再現したデンブから導きだしました。

ひとさじの重さを大切にする食事

入院、ひとさじずつの介助「がうらさんの嚥下食」

2005年8月10日「救急車を呼ぶしかない・・・」って、思ったら、本当に呼ぶことになってしまいました。

嚥下のことも詳しくなんて知らなかった。今まで、カロリーや塩分のことは気にしていたけれど、一気に飲み込めなくなるなんて・・・もし私がネットをしていなかったら、とっくにあきらめていたかもしれない・・・

今回、母は何も食べなかった。

食べる意識がないないから、誤嚥が怖かった。少しでも食べさせたいのになかなかごっくんができない。それが少しごっくんができたとき、これなら「工夫すれば食べられるようになるかも」と、欲が出た。

次ページへ続く

2005年8月16日 病室に食べられそうなものを持ち込む。

病院から出る重湯はゼリーで固めて、甘味噌をつける。ちょっと、不思議な食べ物だけれど、母には懐かしいんでしょう。

口につるりと入った。五平餅の味だものね。ふわふわテリーヌもクリニックのレンジを借りてやわらかくし、重湯でのばす。

おかゆもとろろ汁でのばす。

今日の母はおかゆとコーンスープのゼリー、豆乳プリンを通常の半分ぐらい食べられた。自宅から持参したおかゆは時間がたって少しかためになってしまったから、チンしていただいて、クリニックで出された重湯でのばしながら食べさせる。

食べたことで体も熱くなる。(熱が出たかと思って計ってみたが、平熱だった)これが熱量・・・なんて思ってみたり。

今回、私はちょっとだけ覚悟をしました・・・

それらしいこともいわれたから・・・

でも、今回も母の生き抜く強さを改めて感じました。透析のたびに、はらはらさせられるし・・・食事のひとさじひとさじにだって一喜一憂・・・

まだまだ気が抜けない日が続きそうです。

2005年8月18日 今日からミキサー食。母は相変わらず食は進まない。

声をかけると、ひとさじひとさじ食べる。まるで幼い子どもに食べさせるように、おだて、なだめ、時には脅かし食べさせる。もしかしたら私も子どものころ、こうやって嫌いなものを食べさせられていたのかもしれない・・記憶に残ってはいないけれど、そんな気がしてきた。

2005年8月25日　母が入院して2週間がたった。

症状としてあった高血圧も熱も下がった。影はなかったけれど、汚れていたらしい肺はまだそのまま、音は良くなっているらしい。これからの母はどうなるんだろう。自宅でも酸素ボンベは宅配してくれるらしい。痰の吸入も自宅でできるらしい。ミキサー食も宅配できるし、作れるよね～

ということはこれからも自宅介護が続けられるということ・・・

2005年8月28日 声がでた。ここしばらく母の声を聞いていなかったから、

次ページへ続く

看護師さん共どもびっくり。母が食べようとしてくれるから、それが一番良い。こういう日が続けばいいんだけど・・・　その後は食べることに疲れるのか、ぐっすり眠ってしまった。母が少し回復している・・・

2005年9月3日 復活か・・・　退院も考えられるようになってきた。
訪問看護をしてくださるところもケアマネさんが目星をつけてくれた。酸素も吸引も今は必要ないから、このまま行けば、なんとかなりそう。デイももう行けないかもと思っていたけれど、食事内容などを見て、引き受けてくれると、連絡をもらった。在宅でいけるんだったら、デイもできるはずだから・・・って。ありがたいと思った。もう、デイもショートも無理かなと思っていたから・・・

2005年9月10日 外出　今、自宅で母は昼食を食べよく眠っている。
穏やかだ・・・
車いすに乗るのも一ヵ月ぶり。もちろんシャワーだって・・・
私が母をシャワーに入れるのだって・・・何ヵ月ぶり？　とても1人では自信がないから、出かける予定の家族を午後にしてもらって、入れた。
母が色白になったよう・・・
昼食・・・とろろがけおかゆ（とろろの中にふわふわテリーヌを入れて、ミキサーしたら自然薯で作ったとろろ汁のようになった）サツマイモのマッシュ、フルーチェ。単純に計算して400kcalぐらいかなぁ～
アバウトアバウト・・・＾＾　母はそれらをぺろりと食べた。
これならなんとかなるかな。あるもので気負わず、足りないときは市販のものでカバーすれば・・・　それにしてもこのとろろ汁おいしかった。白身のすりみが入ってるからだろうけれど　今度は自分用に作ってみよう。

2005年9月20日 退院が決まった。28日透析後に自宅に帰ることにした。
インシュリンのことなど、細かなことを言いはじめたら、いつまでも退院できない・・・ドクターと話して、厳密な管理はなしにしようということになった。長時間効くインシュリンではなく、超速攻型。一応1日３回。一応というのは・・・夕方にカバーしても良いのではということになった。

次ページへ続く

効きすぎるよりは安心だし・・・正攻法ではないけれど、食べた量に見合った注射をするということで、落ちついた。

あとは食事・・・これもミキサー食から、少し形のあるものに移行できそうだ。ミキサー食のほかに、卵焼きやゴマ豆腐、少しずつ食べさせたけれど食べられる。むせもしないから、何とかクリアかな・・・

また、自宅介護がはじまる・・・

※以上2005年8月10日〜9月20日、がうらさんのホームページ「はあちゃんの介護日記」、アクシデントより抜粋し、転載しました。

退院祝い「おかゆのお寿司」

退院、ひとさじずつの介助からミキサー食、そしてソフト食へ

2005年9月28日無事退院できました。

もしかしたら・・・って、悪いほうに考えてばかりいた時期もあったけれど、食欲に支えられて回復したようです。

母のとっておきの食事はやっぱり「お寿司」。

でも今回はずっとミキサー食。それで、初めておかゆのお寿司に挑戦。

おかゆを炊き上げて、寿司酢を入れて味見。おいしい〜これならいいじゃん！　ネギトロとふわふわテリーヌの薄切り、だし巻き卵を蒸して薄切り、なんとか形は？お寿司風・・・＾＾；

母の評価は・・・　「まあまあ〜ねぇ〜」　でも、お寿司はお代わりするって(笑)。全部平らげました→

★おかゆのお寿司

■419kcal (29.4g)

おかゆのお寿司
おかゆ（1食分精白米40g、以後同じ）＝142kcal (2.2g)／ネギトロ75g＝167kcal (15.8g)／ふわふわテリーヌ紅白蒲鉾・白20g＝42kcal (1.7g)／玉子焼き（だし汁を入れて蒸します）75g＝113kcal (8.1g)

大根の煮物（ミキサー）
大根50g／だし汁／調味料＝25kcal (0.9g)

アスパラ 軟らかな頭の部分20g＝4kcal (0.5g)

桃の缶詰 30g＝26kcal (0.2g)

※以上2005年9月28日、がうらさんのホームページ「はあちゃんの介護日記」、アクシデントより転載し、レシピに従いカロリー、たんぱく質量を計算しました。

下の文は、がうらさんのお母様のご退院にあたり、がうらさんの「掲示板」に、親世代の嗜好「退院祝い＝お寿司」に対して、子世代が頭をひねった「おかゆのお寿司」について、「在宅介護の輪 栄養研究会」の仲間のそばさんを交えた書き込みから、私が書いた文章を抜粋・整理したものです。

母の最初の退院後、そばさんからお義母様に作った「おかゆのお寿司」を教わり、母の状態に合わせて私が工夫したことや、嚥下障害者の食品としては危険視されている「焼き海苔」の食べ方を書きました。

掲示板で、日々このように情報交換をしていました。

2005年9月6日お寿司のおかゆ

そばさんが教えてくださったのは、おかゆを酢飯の味にして、上にお刺身を小さく切ってのせるお寿司…だったと思います。

私は、母が一番悪いときには、にぎり寿司をネタごと煮て軟らかいおかゆにし、更にハンドミキサーで粒が残らないようにしました。白身や、まぐろ、サーモンなど3巻くらいの量が、すんなり、おいしく食べられました。

↓

少し母が回復したら、にぎり寿司をネタごと煮たおかゆ。または、寿司飯のおかゆに、ネタを崩してさっくり混ぜると、むせずに飲み込めました。

↓

固まりが飲み込めるようになれば、寿司飯をおかゆにし、5ミリ角に切った刺身を、おかゆが見えないように何種類も散らしました。見た目がおいしそうなので、おかゆに混ぜながら、刺身をスプーンでつぶして食べさせると、お魚にも結構火が通り、身が崩れて食べやすいし…もう少し状態が良いときは卵焼きも散らすと、色が断然綺麗！　体調の悪いときでもお寿司なら食べました。少々魚の固まりが気になっても、食べさせるときにスプーンでよく潰して混ぜれば飲み込めました。食は、本人の食べたい気持ちが一番だから、「ウワーおいしそう！」と思うと、エッと驚く物も食べられたりします…
あくまでご本人のごようすでね！（P.3写真参照）

1cm巾くらいに切った焼海苔を、キッチンばさみで1mm以下に切って、短く細い針状にすれば、ご飯に混ざってのどに貼り付きません。見て海苔だとわかり香りが良いから…　嬉しいみたい。調子が良ければ1mm巾くらいに切

次ページへ続く

ると味がしっかりするかな？


きしめんを7㎜くらいに折るか、キッチンばさみで切ってくたくたにゆでて、めんつゆでさらに煮て、水溶き片栗粉でお汁をドロドロにして、針に切った海苔を振って、ふわふわテリーヌのだて巻き風味を乗せると、普通の食事に見えるけれど、ミキサー食と同じようにちゃんと食べられます。

ミキサー食の、麺もお汁もごちゃ混ぜ状態よりも、おいしいようです。

最後の７日間は、ごちゃ混ぜはやめました。形が見えて、そして母が食べられる物をと考えました。翌週には食べてもらうつもりでしたが、包丁で細かくたたいたお刺身は、どんなときにも食べられると思います。

どうか、ミキサーに頼り過ぎないでくださいね！

日々の工夫「ミキサー食とソフト食」

がうらさんの工夫！「目も口も幸せな食事」

お母様の退院後、がうらさんが毎日作られている献立を、がうらさんのホームページ[はあちゃんの介護日記「食事の工夫」]から転載しました。

お母様の退院の日には、気ぜわしくて作りきれず、作り直された、おかゆをゼリーで固めた「おかゆにぎり寿司」は、私も、退院2週目の母に作りたかった、介助する人もされる人も快い「目も口も幸せなお食事」。

■435kcal (23.2g)

※「食事の工夫」より転載し、レシピに従いカロリー、たんぱく質量を計算しました (以後同)。

おかゆのにぎり寿司 [335kcal (20.9g)]
おかゆ142kcal (2.2g) に、ゼライス5g＝17kcal (4.4g)を振り入れて混ぜ、弁当箱かタッパーに2～3㎝深さに入れ、冷蔵庫で固めます。ネタは、ふわふわテリーヌ紅白蒲鉾・白20g＝42kcal (1.7g)の2枚切り/サーモン50g＝67kcal (11.2g)をゆでてミキサーにかける/にんじん50g＝19kcal (0.3g)を、だし汁100ml＝2kcal (0.3g)、砂糖・みりん・しょうゆ・各大さじ半杯[46kcal (0.8g)]に入れ、煮含めミキサー。

サツマイモマッシュ [100kcal (2.3g)]
蒸したサツマイモ50g＝66kcal (0.6g)、牛乳50ml＝34kcal (1.7g)

次ページへ続く

1. まぐろ団子の野菜スープ煮込み [145kcal (4.9g)]

野菜スープは使用量の3倍できるので、残りは冷蔵庫で保存し他の調理に使います。水300mlに、鶏がらスープの素小さじ1 (2.5g) = 5kcal (0.4g)を加え、ジャガイモ1個150g = 103kcal (2.2g)、タマネギ1個200g = 70kcal (1.9g)、にんじん30g = 11kcal (0.2g)、キャベツ30g = 7kcal (0.4g)を加え、煮込んでミキサーにかけます。できた野菜スープ1食分 = 65kcal (1.7g)で、ふわふわテリーヌのまぐろ団子20g = 40kcal (1.6g)を2個煮ます。

ホタテ貝の刺身 [60g = 58kcal (10.7g)]
ホタテ貝柱2個を、細かく刻みます。

サツマイモのサラダ [248kcal (1.1g)]
サツマイモ60g = 79kcal (0.7g)をゆで、マヨネーズ大さじ2杯24g = 169kcal (0.4g)であえます。

おかゆ = 142kcal (2.2g)

■以上合計 = 593kcal (18.9g)

2. 里芋しんじょ風(里芋は家族の副菜から2個使います) [95kcal (3.0g)]

里芋を、かつおだし100ml = 3kcal (0.5g)に、しょうゆ・砂糖・みりん各大サジ1杯 = 91kcal (1.5g)で味つけ、軟らかく煮えた中から、2個50g = 29kcal (0.8g)取りだし、ふわふわテリーヌ紅白蒲鉾・白1枚42kcal (1.7g)とミキサーにかけますが、回転が悪いときには煮汁で調整してなめらかにします。煮汁は全量の4分の1 [24kcal (0.5g)] くらいを使います。

だて巻き風味とキャベツのスープ煮 [90kcal (3.9g)]
水200mlに鶏がらスープ小さじ1 = 5kcal (0.4g)を加え、キャベツ50g = 12kcal (0.7g)と、ふわふわテリーヌのだて巻き風味1枚30g = 73kcal (2.8g)を煮ます。

栗きんとん [45g = 107kcal (0.8g)]
栗の砂糖煮3個を、ラップで包み上から押しつぶし、そのまま茶巾絞りにします。

おかゆ = 142kcal (2.2g)

■以上合計 = 434kcal (9.9g)

次ページへ続く

3. はんぺんのトマト風味リゾット [217kcal (8.1g)]

おかゆ＝142kcal(2.2g)に、トマトの水煮100g＝20kcal(0.9g)を加え、ミキサーにかけてから火を通し、白はんぺん2分の1枚60g＝55kcal(5.0g)を切って入れ、一煮立ちさせます。

注)はんぺんは、口の中で溶けないので、母のように重い嚥下障害では、食べられない食品でした。お使いになるときは、ご注意ください。

冬瓜煮のミキサー食 [32kcal (0.9g)]
だし200ml＝6kcal(1.0g)に、しょうゆ・砂糖・みりん各大さじ1杯＝91kcal(1.5g)で味つけした冬瓜を、80g＝13kcal(0.4g)分取りだし、煮汁をきってミキサーにかけます。煮汁は全量の5分の1[40ml＝19kcal(0.5g)]くらい使用します。

サツマイモの団子 [148kcal (0.8g)]
サツマイモ50g＝66kcal(0.6g)を電子レンジで加熱し、皮をむきリンゴジャム大さじ2杯40g＝82kcal(0.2g)を加えて、ミキサーにかけます。水分が少なければ牛乳を足し、もちもち感がでたら、小さく丸めます。飲み込みが心配なときは、冬瓜煮と交互に食べさせます。

■以上合計＝397kcal (9.8g)

4. とろろ汁 [217kcal (5.0g)]

とろろ芋50g＝33kcal(1.1g)をすり、ふわふわテリーヌ紅白蒲鉾・白1枚42kcal(1.7g)を入れてミキサーにかけ、おかゆ＝142kcal(2.2g)にかけます。味つけは酢しょうゆ。飲み込みも良く、おいしいとろろ汁に随分助けられました。海苔の千切りは心配でしたが、問題なく飲み込めました。

冬瓜煮のミキサー食 [32kcal (0.9g)]

ブドウのゼリー [1人前＝42kcal (1.7g)]
80度くらいの40mlの湯にゼライス5g＝17kcal(4.4g)を振り入れ、よく混ぜて、ブドウジュース200ml＝110kcal(0.6g)に混ぜ、ゼリー型3個に注ぎ分け、冷蔵庫で冷やして固めます。

■以上合計＝291kcal (7.6g)

注)おかゆやジュース、スープなどにゼラチン溶液を入れ、冷蔵庫で冷やして固める目安は1時間くらいです。

次ページへ続く

5. まぐろ団子とほうれんそう風味の野菜スープ煮込み [160kcal (5.2g)]

野菜スープは全量の3分の1[67kcal(1.6g)]を使います。水300mlに、鶏がらスープの素小さじ1(2.5g)＝5kcal(0.4g)、ジャガイモ1個＝103kcal(2.2g)、タマネギ1個＝70kcal(1.9g)、にんじん50g＝19kcal(0.3g)、大根30g＝5kcal(0.1g)を加えてよく煮込みミキサーにかけます。スープにふわふわテリーヌのまぐろ団子20g＝40kcal(1.6g)とほうれんそう風味30g＝53kcal(2.0g)を切って入れ、一煮立ちさせます。

まぐろのそぼろ [1食分＝56kcal (5.5g)]
ネギトロまぐろ100g＝352kcal(20.3g)を沸騰した湯で湯がくと油脂分がぬけるのでカロリーは3分の1(117kcal)くらいまで減るでしょう。すり鉢でよくすり、酒・砂糖・みりん・しょうゆを各大さじ1杯[106kcal(1.6g)]を入れ、ふわふわになるまで炒りつけます。全量の4分の1を、おかゆに混ぜて食べさせます。

おかゆ＝142kcal (2.2g)

■以上合計＝358kcal (12.9g)

6. おかゆの「おはぎ」風 [300kcal (8.1g)]

おかゆ＝142kcal(2.2g)に、練りあん大さじ3杯60g＝158kcal(5.9g)をのせます。おかゆをゼリーで固めれば「おはぎ」の形になります(写真下)。

だて巻き風味 [73kcal (2.8g)]
ふわふわテリーヌの、だて巻き風味1枚を電子レンジで解凍します。

冬瓜煮のミキサー食50g分 [46kcal (0.6g)]

■以上合計＝419kcal (11.5g)

★おかゆの「おはぎ」→

次ページへ続く

7. 家族と一緒にすき焼きを味わう [154kcal (4.3g)]

大鍋で煮たすき焼きから、野菜を80g［根深ネギ10g＝3kcal（0.1g）/マイタケ10g＝2kcal（0.4g）/春菊10g＝2kcal（0.2g）/大根30g＝5kcal（0.1g）/にんじん20g＝7kcal（0.1g）］分取り出してミキサーにかけます。

すき焼きの煮汁30ml＝53kcal（0.1g）で、ふわふわテリーヌのまぐろ団子20g＝40kcal（1.6g）と紅白蒲鉾・紅＝42kcal（1.7g）を、さっと煮て汁気をきります。煮汁使用量は全体で30ml。

とろろ芋の白金時風味 [58kcal (1.6g)]

市販の白インゲンの甘煮6粒10g＝25kcal（0.5g）をミキサーにかけ、とろろ芋50g＝33kcal（1.1g）を加えて、もう一度回転させます。豆の甘さで、おやつ感覚です。

おかゆ＝142kcal (2.2g)

■以上合計＝354kcal (8.1g)

※以上、がうらさんのホームページ［はあちゃんの介護日記「食事の工夫」］より転載しました。URLは、http://www.paw.hi-ho.ne.jp/gaura-karen/index.htmです。

飲み込みのよい食事

水分で増やさない「嚥下食」の考え方

母の最初の退院では、牛乳やチーズを使い、流動食を高栄養で小量にする考えしかなかった私は、母がまったく食べないと聞いてから、家に帰った後の食事の心配で、おちおちできませんでした。

私はひとさじずつ、何を食べさせれば母の命がつなげるのか…、皆目わかりませんでした。わかっていたのは、水分を足して作る流動食では、母の身体に「必要な栄養量はとれない」ということだけでした。

母の体調が悪く66日間の入院になり、その間ひたすら『五訂食品成分表』香川芳子監修（女子栄養大学出版部）を読み、病人食の本を読み続けていましたが、どうしたら良いのかわかりませんでした。良かったことは2004年の年末から「ふわふわテリーヌ」が買えるようになったことでした。

次ページへ続く

嚥下障害から「胃ろう拒否」をして帰る母の、食事介助用の参考図書はありませんでしたが、毎日多くの資料を読んだおかげで、「ホスピスのように安らかに母を看取りたい」と願う、私の思いを受け止めて応える医療施設が少ないことや、摂食障害にはさまざまな角度の考えを持って対処し、食の環境を整える必要があることを改めて認識しました。

私にとって何の道標もないのなら、常に患者を中心に考えて最適の食事を整え、身体と心の消耗を最も少なくすることを看護に要望した「フローレンス・ナイチンゲール」に従い、医学・看学の知識がなく心細くとも「自分の身を処せない母」に、心をつくし熟慮をしながら、母を苦しめずに安らかに送る道を歩もうと決心しました。そうすることで、これから老いに突入する私自身の「自立」を維持する方策を、見つけたいとも思いました。

私はひとさじずつの重みを噛みしめながら、母の7日間の食事を用意し、私が求めても得られなかった介護食の実践録を残すため、2005年4月第1稿を書き上げました。すでにその原稿で、がうらさんときてぃちゃんの料理を転載していましたから、お2人にも第1稿をお送りしました。

2005年10月、介護の掲示板の友人である井坂純子さんの写真展「父よ、母よ－認知症の両親の命を見つめて－」を、見るために上京したがうらさんとお会いしました。「私は、自分の母が食べられなくなるまで、あなたが胃ろうを拒否してまで、ひとさじの食事にこだわった気持ちがわかりませんでした。でも、あなたがしたことを知っていたから、私も頑張ってみようと思ったのです」と話されて、お母様の退院後のレシピを渡してくださいました。

お会いした日のお母様は、がうらさんがもうあり得ないと思われたショートをご利用でした。デイもいらっしゃったと聞き、私は目を丸くしました。

次にがうらさんが、お母様のご病気にあわせて作られた軟らかめの「介護食」から2品を、母の「嚥下食」に作り替えました。これは掲示板でレシピを拝見したときから、退院2週間目の母に作りたかった料理です。

「嚥下」を気にしなければ、2つの料理の違いがわかりません。けれど、このわずかな違いで母は飲み込めました。嚥下障害はその人の状態により症状が違います。レシピを参考にする場合は、医療関係者にご相談ください。

次ページへ続く

★217ページ、がうらさんの「ごちそうプレート」を嚥下食にしました。

ふわふわテリーヌのまぐろ団子20g＝40kcal(1.6g)に、から揚げ粉をつけて揚げると(衣と油分で20kcal増)、中は軟らかく外はかりっとしておいしいですが、嚥下障害があると飲み込めません。熱いうちにタレを絡め衣をしっとりと軟らかくし、スプーンでつぶしながらタレを絡めて介助します。

野菜ジュースゼリー100ml＝29kcal (2.0g)
ハチミツ水ゼリー50ml＝13kcal (0.8g)

■以上合計＝347kcal (10.9g)

まぐろ団子のから揚げ風 [75kcal (2.3g)]
家族は鶏肉にから揚げ粉を振り一緒に揚げます。うどんつゆ30mlに水溶き片栗粉を入れ[15kcal (0.7g)]タレにします。

サツマイモの茶巾絞り [73kcal (0.5g)]
蒸したサツマイモ25g＝33kcal(0.3g)をラップに包み押しつぶし、バター5g＝37kcal(+)、牛乳5ml＝3kcal(0.2g)を混ぜ絞って形作ります。

白和えは同量 [95kcal (4.1g)]

コーンスープ [62kcal (1.2g)]
コーンスープ60ml＝52kcal(1.2g)に、水溶き片栗粉（片栗粉小さじ1杯3g＝10kcal(+)に同量の水)を入れ、とろみをつけます。

★219ページ、シーチキンのデンブをかけたおかゆです [118kcal (9.0g)]。

ご飯20g＝34kcal (0.5g)に50ml湯を入れ2分電子レンジにかけて、裏ごしし、再びレンジで1分加熱すると、ざらつきのないもったりしたおかゆになります。デンブを40g分＝69kcal (7.8g)のせ、30mlのうどんつゆに水溶き片栗粉を落とし、タレ[15kcal (0.7g)]を作り、介助するときに上からかけ、おかゆと混ぜながら介助します。写真はタレをかける前。

シーチキンのデンブ [621kcal (70.3g)]
シーチキンの油漬け360g＝1073kcal (68g)を、ゆでて油抜きしてすり鉢でよくすったので、熱量は水煮並の349kcal (65.9g)くらいでしょうか？砂糖・しょうゆ・みりん・水、各大さじ3杯で272kcal (4.4g)、焦がさないように、ガラスの鍋でよく煎りました。

食べにくい海藻、野菜を毎日とる工夫

きてぃちゃんの、トロトロ汁

★トロトロ汁、食が細い父に野菜や海藻が食べられるように工夫しました

ミキサー食です。食べやすいように粒を残さず、なめらかになるまでミキサーにかけます。私は下の材料にブロッコリーの小房2個くらいか、ほうれんそうの軸やアスパラの茎など一寸固めの部分も入れています。夕食に3人分作り、父に300～350ml。主人と私で残りを半分ずつ200～250mlくらい。

■栄養成分表（1人前）エネルギー60kcal、たんぱく質5g、脂質1.6g、炭水化物10g、食塩2.5g、カルシウム188mg、鉄分3.7mg、食物繊維6.1g（中に入れる野菜で変動します）。

※トロトロ汁はサラヤ株式会社kaigo-club.comの、「生きがい食レシピコンテスト」3位入賞。
URLは、http://www.kaigo-club.com/food2/recipedb/data/recipe001202.htmlです。

材料3人分

オクラ1袋、モロヘイヤ半袋をゆでます。わかめ、またはひじき大さじ2杯は戻しておきます。モロヘイヤ、オクラがない季節には、冷凍を使います。

作り方

材料を、2カップ半の水に入れて煮立たせ、昆布茶小さじ1と、白みそと信州みそを2:1の割合くらいで入れ、好みの味をつけます。
あら熱がとれてからミキサーにかけて、舌触りをなめらかにします。

★ 父の毎日の食事と栄養所要量の考え方

父は、丁度2003年夏頃から食欲がなくなり血液検査の結果、脱水と栄養不良をいわれました。栄養を補うためエンシュアを処方されて飲みました。
父は乳製品が好きなので最初は良かったんですが、段々「これを飲むと、吐きそうになる」と言い出しまして、結局受けつけなくなりました。私は安易にカロリー摂取ばかり考えていました。しかし、父が何も飲めず、食べられなくなってしまいましたので、「そうだ！ 母がしていたようにしてみよう。」と思い、昆布と鰹節で取った素朴なダシで、ジャガイモ、にんじん、麩などを軟らかく薄味で煮て、少しつぶして食べさせるようにしました。卵は1日1個は食べさせたいので、だし巻き卵や卵豆腐、茶碗蒸などを作りました。

次ページへ続く

お菓子がご飯の日

きてぃちゃんのお宅の クリスマス

父にはやはり昔ながらの味が良かったようです。だんだん食べられるようになり、また元気を取り戻しました。好物のカキフライとポテトサラダ、トロトロ汁のように組み合わせ、なるべく多くの食品を食べてもらっています。

エンシュア、ラコール、テルミールは1つで200Kcalなどと、エネルギー量の計算が簡単です。安易に走ったことを後悔しました。

水分補給は主治医のすすめで、アクエリアスで薬を飲むようにしております。

定期的に採血をして、栄養状態を管理していただいております。

★今日のお昼はクリスマスケーキ！
クリスマスケーキ、デパ地下で買いました。父のことを考えて、生地はシフォンケーキです。今日の父の昼食はこれです。(^o^)丿
甘い物大好きな97歳の父は食事量が少なく、お菓子をおやつにすると食事が入りません。それならば、お菓子をご飯代わりにして、野菜がとれるトロトロ汁や果物を食べてもらえば、バランスがとれる…のじゃないかと考えて、私が家に居るときの父の昼食は、好きな物にしています。
最近、土曜のお昼は金曜夕方の生協の配送できたシュークリームと果物です。
先日はエクレアとシュークリームを1個ずつでした。いくら栄養を考えても、まず食べないと、なんにもなりませんものね。

シフォンケーキ
大体6分の1くらいで、300～400kcal摂れますから、温かいコーヒーを飲んで、野菜や果物がとれれば、バランスがとれていると考えています。

※以上はホームページ、[おさかなパルの「掲示板」]への投稿、きてぃちゃんの[私の介護日誌]、サラヤ株式会社[「生きがい食」レシピ]より転載し、加筆いただき構成しました。
[私の介護日誌]のURLは、http://www2.ocn.ne.jp/~kittytt/です。

濃い口しょうゆ
大サジ1杯18g＝13kcal（1.4g）
小サジ1杯6g＝4kcal（0.5g）

薄口しょうゆ
大サジ1杯18g＝10kcal（1.0g）
小サジ1杯6g＝3kcal（0.3g）

たまりしょうゆ
大サジ1杯18g＝20kcal（2.1g）
小サジ1杯6g＝7kcal（0.7g）

白しょうゆ大サジ1杯18g＝16kcal（0.5g）
小サジ1杯6g＝5kcal（0.2g）

米みそ/甘みそ（西京みそ・白みそ）
大サジ1杯18g＝39kcal（1.7g）
小サジ1杯6g＝13kcal（0.6g）

米みそ/淡色辛みそ
大サジ1杯18g＝35kcal（2.3g）
小サジ1杯6g＝12kcal（0.8g）

米みそ/赤色辛みそ
大サジ1杯18g＝34kcal（2.3g）
小サジ1杯6g＝11kcal（0.8g）

豆みそ（八丁みそ・三州みそ）
大サジ1杯18g＝39kcal（3.1g）
小サジ1杯6g＝13kcal（1.0g）

麦みそ大サジ1杯18g＝36kcal（1.7g）
小サジ1杯6g＝12kcal（0.6g）

ウスターソース
大サジ1杯16g＝19kcal（0.2g）
小サジ1杯5g＝6kcal（0.1g）

中濃ソース
大サジ1杯18g＝24kcal（0.1g）
小サジ1杯6g＝8kcal（＋）

濃厚ソース
大サジ1杯18g＝24kcal（0.2g）
小サジ1杯6g＝8kcal（0.1g）

調味料類・糖類・嗜好品

注）流動食に、甘味料として便利な小豆製品、チョコレートなど、菓子に準ずるものも書きました。

純米酒大サジ1杯15g＝15kcal（0.1g）
小サジ1杯5g＝5kcal（＋）

本みりん大サジ1杯18g＝43kcal（0.1g）
小サジ1杯3g＝14kcal（＋）

上白糖大サジ1杯9g＝35kcal（0）
小サジ1杯3g＝12kcal（0）

三温糖大サジ1杯9g＝34kcal（＋）
小サジ1杯3g＝11kcal（＋）

黒砂糖大サジ1杯9g＝32kcal（0.2g）
小サジ1杯3g＝11kcal（0.1g）

グラニュー糖大サジ1杯12g＝46kcal（0）
小サジ1杯4g＝15kcal（0）

粉糖大サジ1杯9g＝35kcal（0）
小サジ1杯3g＝12kcal（0）

蒸しようかん1個50g＝121kcal（2.2g）

ハチミツ大サジ1杯21g＝62kcal（＋）
小サジ1杯7g＝21kcal（＋）

メープルシロップ
大サジ1杯21g＝54kcal（＋）
小サジ1杯7g＝18kcal（＋）

ミルクチョコレート
1かけ5g＝28kcal（0.4g）

ピュアココア
大サジ1杯6g＝16kcal（1.1g）
小サジ1杯2g＝5kcal（0.4g）

ミルクココア
大サジ1杯9g＝37kcal（0.7g）
小サジ1杯3g＝12kcal（0.2g）

次ページへ続く

めんつゆ3倍濃厚
大サジ1杯18g＝18kcal（0.8g）
小サジ1杯6g＝6kcal（0.3g）

とろみがつく材料

ゼラチン1袋5g＝17kcal（4.4g）
大サジ1杯9g＝31kcal（7.9g）
小サジ1杯3g＝10kcal（2.6g）

片栗粉大サジ1杯9g＝30kcal（＋）
小サジ1杯3g＝10kcal（＋）

薄力粉大サジ1杯9g＝33kcal（0.7g）
小サジ1杯3g＝11kcal（0.2g）

上新粉大サジ1杯9g＝33kcal（0.6g）
小サジ1杯3g＝11kcal（0.2g）

氷餅粉末大サジ1杯3g＝11kcal（1.4g）

油脂類・その他

オリーブ油大サジ1杯12g＝111kcal（0）
小サジ1杯4g＝37kcal（0）

サフラワー油
大サジ1杯12g＝111kcal（0）
小サジ1杯4g＝37kcal（0）

有塩バター
大サジ1杯12g＝89kcal（0.1g）
小サジ1杯4g＝30kcal（＋）

無塩バター
大サジ1杯12g＝92kcal（0.1g）
小サジ1杯4g＝31kcal（＋）

ゆで卵1個50g＝77kcal（6.5g）

バナナ中1本160g＝83kcal（1.1g）

普通牛乳
カップ1杯210g＝138kcal（6.8g）

プロセスチーズ
小包装1個18g＝58kcal（3.2g）

ヨーグルト全脂無糖
カップ1杯210g＝130kcal（7.6g）

穀物酢大サジ1杯15g＝4kcal（＋）
小サジ1杯5g＝1kcal（＋）

米酢大サジ1杯15g＝7kcal（＋）
小サジ1杯5g＝2kcal（＋）

ケチャップ
大サジ1杯15g＝18kcal（0.3g）
小サジ1杯5g＝6kcal（0.1g）

マヨネーズ（卵黄型）
大サジ1杯12g＝80kcal（0.3g）
小サジ1杯4g＝27kcal（0.1g）

フレンチ・ドレッシング
大サジ1杯15g＝61kcal（＋）
小サジ1杯5g＝20kcal（＋）

サザンアイランド・ドレッシング
大サジ1杯15g＝62kcal（0.2g）
小サジ1杯5g＝21kcal（0.1g）

カレールウ1かけ20g＝102kcal（1.3g）

ハヤシルウ1かけ20g＝102kcal（1.2g）

かつおだし
カップ1杯200g＝6kcal（1.0g）

昆布だし
カップ1杯200g＝8kcal（0.2g）

かつお昆布だし
カップ1杯200g＝4kcal（0.6g）

固形コンソメ1個4g＝9kcal（0.3g）

顆粒風味調味料
大サジ1杯9g＝20kcal（2.2g）
小サジ1杯3g＝7kcal（0.7g）

即席みそ（粉末タイプ）
1袋7g＝24kcal（1.4g）

即席みそ（ペーストタイプ）
1袋20g＝26kcal（1.6g）

めんつゆストレート
大サジ1杯15g＝7kcal（0.3g）
小サジ1杯5g＝2kcal（0.1g）

索引

次ページへ続く

ま

や

ら

た

な

は

〈介護のマメ知識〉における引用文献について

本書では〈介護のマメ知識〉として、本文中の医学及び介護に関連する用語を欄外に掲出し、以下の専門書籍の３冊から、各出版社にご許可をいただき引用転載し、文末に書籍名と頁数を明記しました。説明文が長い場合は、残念ですが「中略」「後略」といたしました。もっとお読みになりたい場合は、重版されているかもしれませんが、どの本も販売中です。図書館にもございますから内容をご確認の上、インターネットで申し込み、手数料無料でお近くのコンビニで、お買い求めいただけます。

また、在宅介護者として生活する中で知り得た情報なども、欄外に記述しました。

『看護·医学事典 第5版』

出版社＝医学書院　編集＝日野原重明／永井敏枝／中西睦子／大石実　￥5,775.

四六判で、とても持ちやすい大きさの医学事典です。専門書なのに、平易に書いてあり、巻末に外国語索引があるので、解らない医学用語の単語がアルファベット順で引け、家庭に１冊あると便利です。また、市販の薬物の一欄表もついています。

私は、中国の経済特区で仕事をした時に病気になり苦労しました。海外生活で、病気や薬に関するコミュニケーションが必要なときや、外国人の友人が病気のときにも便利だと思います。

『完全図解 新しい介護』

出版社＝講談社　監修·著者＝太田仁史／三好春樹　￥3,990.

施設や病院などの専門家用に書かれている、大きくて厚くて重い本です。少し置き場所に悩みましたが、解りやすい図解があるので、介護をしながら困った時などに読むと助かりました。

以下同書のホームページ上の書籍案内より転載しました。

介護のプロも目からウロコの介護技術決定版。片マヒ、痴呆ケア、パーキンソン病や食事、排泄、入浴ケア、さらに介護者の健康など現場ですぐに使えるとっておきのワザをイラスト化。絵で見てわかる初の介護本。

『図解·症状からみる老いと病気とからだ』

出版社＝中央法規出版　著者＝高橋龍太郎　￥2,310.

病状や対策について検討したい時に便利な本でした。以下同書のホームページ上の書籍案内より転載しました。

この本で著者が最も気を配ったのはバランスである。高齢者のケアや医療に関わっている人々にとって知っておいたほうがよいものをできるだけ漏らさないようにしたつもりである。したがって、例えば腹痛などという症状でも、高齢者の場合はどうかという視点で解説してある。

参考文献

『五訂食品成分表（2004）』

出版社＝女子栄養大学出版部　著者＝香川 芳子　￥1,000.

『五訂完全版　ひと目でわかる日常食品成分表』

出版社＝講談社　総監修＝東畑朝子　￥940.

以下同書のホームページ上の書籍案内より転載しました。

この本はハム1枚、あじ1尾、りんご1個という、日常使う単位で計算しています。魚、野菜、くだものなどは、廃棄率(捨る部分)を引いて計算してあります。使いやすい材料別に項目を並べています。イラストで栄養の知識をわかりやすく表しました。

『食べて治す・防ぐ医学事典ーおいしく・健康・大安心』

出版社＝講談社　総監修＝日野原 重明　監修・執筆＝中村 丁次　￥4, 830.

以下同書のホームページ上の書籍案内より転載しました。
病気を治す・防ぐ効果のある食品の組合わせと食べ方で、一週間で体が変わる！
医療現場で実践されている健康指導や、身近な食材の組合わせで医学効果が一層高まる、誰にでも簡単においしく作れる料理のレシピ420点を紹介。

『生きかたの選択』

出版社＝河出書房新社　著者＝日野原 重明　￥1, 200.

以下同書のホームページ上の書籍案内より転載しました。
悔いのない人生を送るための１２の手がかり。
対談集。
「この本の読者は、きっと私の思想や生きかたのよすがを文章の中に読み取られることと思う。この本を読まれた皆さんとともに、私は今後も人との対話の中に私の生きかたを選択していきたいと思う」　日野原重明

『介護お助け本』

出版社＝三一書房　著者＝森山 喜恵子　￥1, 500.

以下同書のホームページ上の書籍案内より転載しました。
高齢化社会を迎え、「老人介護」を真剣に考えざるを得ない現在、とかくネガティブに捉えがちなこの問題を前向きに実践する著者が、自らの体験の中から得た具体的な工夫の数々を紹介する。

『介護食宅急便―離れていてもできる食事の世話』

出版社＝文化出版局　著者＝森山 喜恵子　￥1, 260.

以下同書のホームページ上の書籍案内より転載しました。
８年間ひとり暮らしの父親に食事を送り続けた著者の体験に基づいたノウハウがぎっしりの離れて暮らす家族に食事を作って送る方法を紹介。
材料と調理法でひける、７つの症状別介護食レシピ例付き。

『簡単！ケアクッキングレシピ集― 状態別・素材別アレンジメニュー』

出版社＝（財）介護労働安定センター　著者＝井上 典代　￥2, 500.

家庭で介護している家族やホームヘルパーなど、食事づくりを担う人々の生活援助に役立つように、カード式のレシピ集。

『5分でできる介護食 ―目からウロコのアイデアメニュー』

出版社＝中央法規出版　共著　￥1, 470.

介護の実践や介護の現場からの声を生かして開発した、簡単でおいしく栄養価の高い介護食のメニューを多数紹介している。

『残り火のいのち 在宅介護11年の記録』

出版社＝集英社（集英社新書）　著者＝藤原 留美　￥735.

以下同書のホームページ上の書籍案内より転載しました。「どうしよう、お紅茶の淹れ方が分からなくなったわ」。これが始まりだった。仕事をかかえつつ「社会の手」を借りて、最期まで老いた母を自宅で看取った感動の記録。「老い」こそ、いとおしい。

〈著者〉 中山 れいこ（アトリエ モレリ主宰）

図鑑作家。身近な生き物を飼育観察し、児童向けの飼育図鑑、生態などの図解入りノンフィクションを執筆。著書に、『ドキドキワクワク生き物飼育教室』①かえるよ！アゲハ　②かえるよ！ザリガニ　③かえるよ！カエル　④かえるよ！カイコ　⑤かえるよ！メダカ　⑥かえるよ！ホタル　以上6冊（作・絵／アトリエ モレリ、監修／久居 宣夫　リブリオ出版）『カメちゃんおいで、手の鳴るほうへ』（文／中村 陽吉、絵・解説／アトリエ モレリ／監修 千石 正一　講談社）『小学校低学年の食事〈1・2年生〉』（監修・共著／井上 典代　共著／中山 れいこ・黒田 かやの　ルック）がある。

作家活動の傍ら地元行政と協働し、公園や地域の自然環境の保全、カントウタンポポ、シロバナタンポポの保護および、ヘイケボタルの再生に取り組んでいる。また地域の学生に働きかけ、次世代の環境教育をし、都市の自然環境保全の規範となるべく、公的機関に働きかけながら活動を続けている。

〈企画〉 ブックデザイン／中山 れいこ

イラスト：荒井 もみの／角海 千秋／中山 れいこ

〈協力〉（肩書きは取材当時）

小野木 啓子（日本摂食・嚥下リハビリテーション学会事務局）／中村 陽子（関西国際大学人間学部助教授）／綿 祐二（文京学院大学・大学院 人間学部人間福祉科教授）／佐久間 利光／長山 恭子／筒井 淑子／佐澤 美和／鎌田 浩人／小松 明美／近藤 富美子

まごころの介護食《かいごしょく》
「お母《かあ》さん、おいしいですか？」

2009年11月30日　第1刷

著　　者　中山《なかやま》 れいこ
総 監 修　日野原《ひのはら》 重明《しげあき》
栄養監修　井上《いのうえ》 典代《のりよ》

発 行 者　比留川　洋
発 行 所　株式会社　本の泉社
〒113-0033　東京都文京区本郷2-25-6
TEL:03-5800-8494　FAX:03－5800－5353
http://www.honnoizumi.co.jp
制　　作　アトリエ モレリ
印刷・製本　音羽印刷株式会社

ISBN978-4-7807-0494-5 C0077